Autor, alle Fotos, Schiefer-Bilder und Grafiken: Alf Merkel (eltern-helfen-lernen.de) im Bild mit Enkelin Sophie

Teile dieses Buchs wurden von 2006 bis 2009 unter dem Titel ‚Training – Leichter lernen' vom Ernst Klett Verlag herausgegeben. Die Rechte wurden an mich zurück übertragen. Ich bedanke mich für die Überlassung von Bildrechten und ganz besonders bei der bekannten Zeichnerin Naomi Fearn (zuckerfisch.de) für ihre zauberhaften Cartoons mit den tierisch-kreativen Lernstrategen Tyto, Ludek, Rob und Polly.

Für die Leitidee dieses Buchs gibt es kein besseres Sinnbild als das wunderbare Briefmarken-Motiv ‚50 Jahre Kinderschutzbund' (2003) von Angela Kühn (angelakühn.de). Herzlichen Dank für die Genehmigung, dieses empathische Motiv als Cover verwenden zu dürfen.

Herstellung und Verlag:
BoD - Books on Demand, Norderstedt
ISBN 978-3-7357-8205-2

Inhalt

Vorwort	- Entdecke deine Möglichkeiten!	1- 4
Intelligenz	- Wer hat, dem wird gegeben	5- 17
Gedächtnis	- Für das Verständnis aller Dinge	18- 33
Strukturen	- Das Gehirn liebt Struktur	34- 47
Übung	- Macht definitiv den Meister	48- 57
Emotionen	- Lernturbo, aber auch Motivationskiller	58- 71
Konzentration	- Tue, was du tust!	72- 93
Motivation	- Motor und Lenkung des Lernens	94-107
Organisation	- Nur mit Plan kommt man ans Ziel	108-115
Bewegung	- Fit for the Brain	116-122
Computer	- Virtuell die Welt begreifen?	123-131
Ernährung	- Intelligenz vom Teller löffeln	132-139
Fernsehen	- Macht Kluge klüger, Dumme dümmer	140-148
Jungen	- Das neue schwache Geschlecht	149-158
Lesen	- Vorsicht, es gefährdet die Dummheit	159-170
Musik	- Das ultimative Gehirntraining	171-178
Nachhilfe	- Erzfeindin der Selbständigkeit	179-188
Lösungen		189-190

Vorwort – Entdecke deine Möglichkeiten!

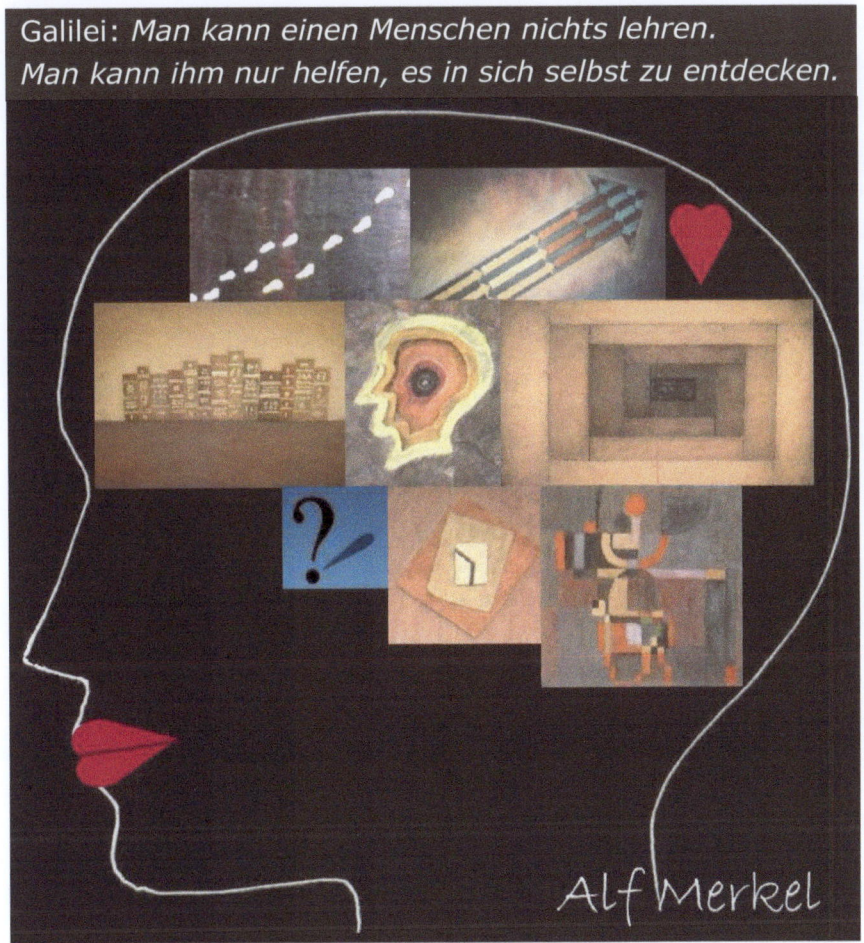

Bilder im Kopf – das und vieles mehr kann Ihr Kind in sich selbst entdecken: Helfen, Motivation, Emotionen, Lesen, Konzentration, Vertiefen, Neugier, Zeitplanung, Selbsterkenntnis und Kommunikation.

Galileis weiser Spruch hat neurobiologisches Wissen unserer Zeit vorweggenommen: Die Eindrücke aus der Außenwelt werden nur dann in die Innenwelt des Gehirns verfrachtet, wenn wir sie für *uns selbst* entdecken wollen. Deshalb lautet das Leitmotiv für dieses Buch: Entdecke deine Möglichkeiten! Zwei Wege führen an Galileis Ziel:

Weg Nr. 1 – Lerne so, wie es dem *Gehirn* gefällt!

Das Gehirn ist ein Wunderwerk aus 100 Mrd. Nervenzellen, die sich mit anderen Neuronen jeweils bis zu 10.000mal vernetzen können. Das sind theoretisch bis zu 10 hoch 150 Verknüpfungen – mehr als es Atome im Universum gibt. Laut Spitzer kann das Gehirn nichts anderes und tut lebenslang nichts lieber: lernen – und das auf faszinierende und raffinierte Art und Weise. Wussten Sie schon, dass …

… beim *Lesen* ganz unterschiedliche Gehirnregionen wie in einem Orchester perfekt zusammenspielen? Wird jedoch die Harmonie zwischen den beteiligten Zentren gestört, entstehen Lesestörungen.

… jede Art von *Lernen* – geistig, motorisch, musikalisch – die geforderten Gehirnbereiche stärkt und formt wie Plastilin? Heute nennt man das Neuroplastizität, früher hieß es ‚Übung macht den Meister'. Der ‚Übungsquotient' ist für den Lernerfolg langfristig wichtiger als der Intelligenzquotient.

… *Motivation* entsteht, wenn bei Lernerfolgen und anregenden Aktivitäten im Gehirn Glückshormone ausgeschüttet werden? Das erhält und fördert die Neugier, den angeborenen ‚Kapiertrieb'.

… die am *Gedächtnis* beteiligten Hirnareale dank eines 5,8 Millionen Kilometer langen Netzes superschneller Datenautobahnen so gut zusammenarbeiten, dass es nur Bruchteile von Sekunden dauert, um Erinnerungen abzurufen. Ohne diesen schnellen Datentransfer würde das Monate oder Jahre dauern.

… beim *Denken* spezielle Kalziumsignale immer erst prüfen, ob es sinnvoll ist, dass sich bestimmte Synapsen (Schaltstellen) miteinander verbinden? Das präzisiert und beschleunigt alle Denkvorgänge.

… Spiegel-Neurone, spezielle Nervenzellen im kindlichen Gehirn, das *Modelllernen* ermöglichen? So werden Rollen, Fertigkeiten und Fähigkeiten spielend leicht vom Modell Eltern kopiert.

Weg Nr. 2 – Lerne so, wie es am besten zu *dir* passt!

Heinz von Foerster: *Das Lernen ist so individuell wie unser Gesicht.* Deshalb entdeckt Ihr Kind auf Weg Nr. 2 seine individuellen Lernvoraussetzungen wie Begabung, Gedächtnis, Konzentration, Motivation, Lernorganisation und die am besten passenden Lerntechniken.

Beim Lernen gibt es auch mal Probleme. Die sind aber nur dann zu lösen, wenn man die Ursachen dafür kennt. Sinnbild ist der Eisberg: Die Spitze, hier die Note 5 in einer Mathematik-Prüfung, ist sichtbar, nicht aber die unter der Oberfläche verborgenen möglichen Ursachen wie Rechnen, logisches Schlussfolgern, Motivation, Konzentration, Lernverhalten, Ängste usw. All das muss zunächst mit Fragebögen, Checklisten und Tests abgeklärt werden. Damit ist die Frage zu beantworten: ‚Wo stehe ich?'. Die Antwort auf die zweite Frage ‚Was könnte ich besser machen?' geben Übungen, Pläne, Strategien, Tipps und Tricks im Anhang zu den Tests und Fragebögen. Damit kann Ihr Kind die eigenen Möglichkeiten entdecken und besser ausschöpfen.

Das folgende Modell veranschaulicht den Zusammenhang von sechzehn Faktoren gut geplanten und erfolgreichen Lernens. Sie entsprechen den Kapiteln dieses Buchs und sind diesen vier Ebenen zuzuordnen:

Intelligenz und Begabungen – Ausgangspunkt und Ziel aller Bemühungen

Lerntechniken – auch Metakognitionen genannt

Stützfaktoren des Lernens – die so genannten Modulatoren

Lernumfeld – die Rahmenbedingungen des Lernens

16. Nachhilfe	9. Bewegung	10. Computer
	8. Organisation 5. Emotionen	
	4. Übung	
15. Musik	1. Intelligenz	11. Ernährung
	3. Struktur 2. Gedächtnis	
	7. Motivation 6. Konzentration	
14. Lesen	13. Jungenprobleme	12. Fernsehen

1.: Im Zentrum stehen die Begabungen, also die flüssige Intelligenz.

2.-4.: Was sich daraus an Fertigkeiten herauskristallisiert, deshalb kristalline Intelligenz genannt, hängt von Lernstrategien...

5.-8.: ... und Hilfsfaktoren des Lernens wie Motivation, Konzentration und Organisation ab. Dafür sind *Sie* das wichtigste Rollen-Modell.

9.-16.: Noch mehr Einfluss haben Sie auf die Gestaltung der Umfeld-Bedingungen für das Lernen Ihres Kindes. Geben Sie Ihrem Kind Wurzeln und Flügel für sein ganzes LERN – ER – LEBEN mit!

Intelligenz – Wer hat, dem wird gegeben (Matthäus)

Definition und Maßstab der Intelligenz

Intelligenz (lateinisch: intelligentia - Einsicht) ist *die Fähigkeit, sich in ungewohnten Situationen zurechtzufinden und Aufgaben zu lösen, bei denen die Erfassung mehr als die Erfahrung zählt. Zu diesem Zweck muss das Gehirn eingehende Informationen durch raschen Zugriff auf das Gedächtnis schnell verarbeiten.* Als Maßstab gilt der Intelligenzquotient IQ. Eine kleine Auswahl von Spitzenwerten:

Marilyn vos Savant, je gemessener Höchstwert	228
Johann Wolfgang von Goethe, universeller Geist, geschätzt	210
Gari Kasparow, Schach-Weltmeister, Regimekritiker	190
Albert Einstein und Stephen Hawking, geniale Physiker	160
Galileo Galilei, Astronom, Leitmotivspender für dieses Buch	150

Intelligenz als Ergebnis von Genen und Umfeld

Häufig wird diskutiert, ob Begabung mehr von Genen oder von der Umwelt abhängt. Das Pendel der Forschung neigt je nach Zeitgeist mal zum Biologismus, mal zur Sozialisationslehre. Nun steht fest, dass Intelligenz etwa zur Hälfte erblich veranlagt ist. Da aber auch die Gestaltung unserer Umwelt etwa zur Hälfte von intellektuellen Anlagen abhängt, ist Intelligenz zu 50 % direkt und zu 25 % indirekt genetisch bedingt. Es gilt also das Matthäus-Prinzip: *Wer hat, dem wird gegeben.* Kluge werden durch ihre Umwelt noch klüger, Dumme leider dümmer. Es ist nicht geklärt, welche Gene Gehirne leistungsfähiger machen. *Ein* Intelligenz-Gen gibt es definitiv nicht, aber etwa 1000 Gene, die die Intelligenz prägen und sich gegenseitig beeinflussen. Man unterscheidet zum Beispiel Gene, die …

… für dickere Nervenummantelungen mit Myelin verantwortlich sind. Damit werden die im Gehirn eintreffenden Lernreize schneller in die zuständigen Hirnareale transportiert und dort rascher verarbeitet.

... mehr Verschaltungen zwischen den Neuronen und damit höhere Verarbeitungs- und Gedächtniskapazitäten ermöglichen.

... den Energiebedarf senken. Intelligente Gehirne zeichnen sich durch geringe Aktivität und niedrigen Energieverbrauch aus. Deshalb ermüdet das Gehirn nicht so leicht und arbeitet ausdauernder.

Verteilung der Intelligenz

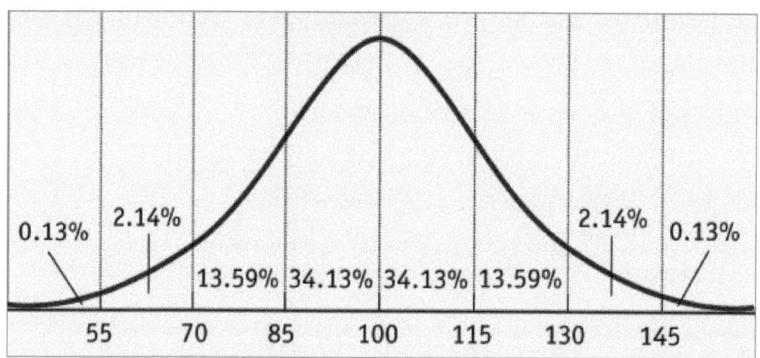

Bild: Das ist die Gaußsche Normalverteilung der Intelligenz. 100 ist der Durchschnittswert. Knapp 13,6% sind überdurchschnittlich begabt (IQ ab 116) und weitere 2,3% hochbegabt (IQ ab 131). 0,13% haben einen Intelligenzquotienten von 145 und mehr.

Dummheit kann sich nicht selbst erkennen

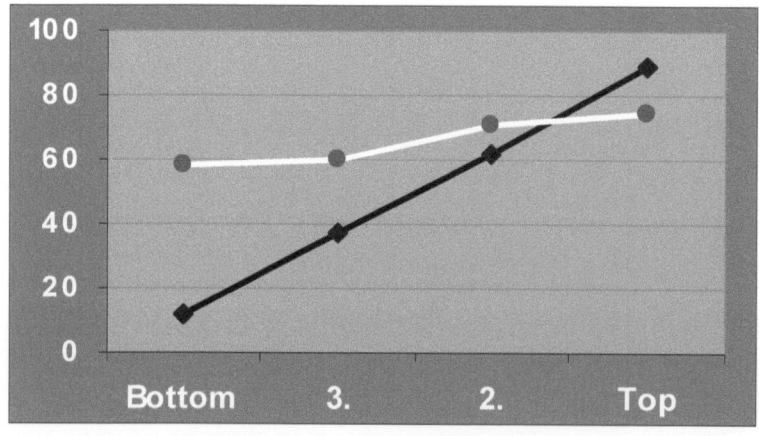

Kruger und Dunning (Universität Stanford) haben eine Aufsehen erregende Studie zur Selbstüberschätzung vorgelegt. Bild: Die Schere zwischen objektiver Leistung (dunkle Linie) und eigener Einschätzung (helle Linie) wird mit abnehmender Leistung immer größer. Eigene intellektuelle Defizite werden also nicht erkannt. Darüber hinaus ist man unfähig, bessere Leistungen anderer zu erkennen und anzuerkennen. Das ist zwar gut für die Psychohygiene der Selbstüberschätzer, aber problematisch für Menschen in ihrer Umgebung.

Sprachliche Intelligenz – *Die* Schlüsselkompetenz

Fall: *Frau K glaubt, dass Ihr Sohn B mit einem IQ von 124 hochbegabt sei. Da ihr Sohn in der 5. Klasse des Gymnasiums in Deutsch, Englisch und Religion jeweils nur die Note 5 im Zwischenzeugnis hatte, hält sie die Lehrer ihres Sohnes für unfähig, dessen Hochbegabung zu erkennen und entsprechend zu fördern.*

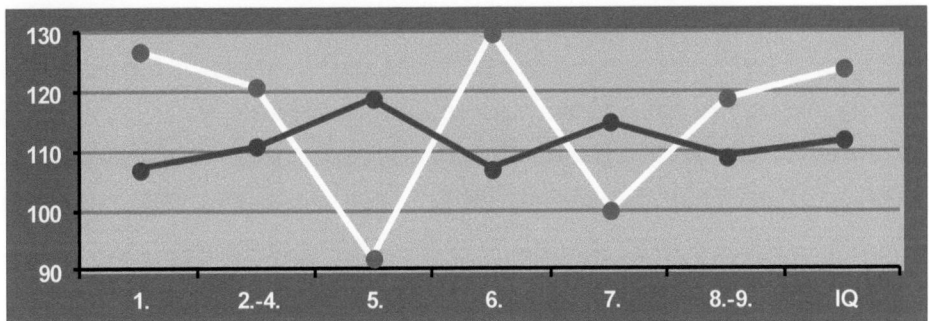

Das Ergebnis von 124 IQ-Punkten im Intelligenztest PSB 4-6 (helle Kurve) schätzt Frau K nicht richtig ein. B hat zwar einen überdurchschnittlich hohen IQ, ist aber nicht hochbegabt. Das ist die zulässige Interpretation des Testergebnisses: *B hat an diesem Tag in diesem Test mit einer Wahrscheinlichkeit von 95 Prozent einen IQ zwischen 120 und 128 Punkten erzielt (Streuung).* Hochbegabung wird dagegen unter anderem durch einen IQ von mindestens 131 definiert. Das Defizit im Wortschatz (5.: 91) und das für einen Gymnasiasten relativ schlechte Text- und Aufgabenverständnis (7.: 100) wirken sich in mehreren Fächern negativ aus: B hat vor allem Probleme in den Sprachen. Seine relativen Schwächen kann er zwar im Intelligenztest, nicht aber in der Schule kompensieren. Zum Profilvergleich: Die Werte der Schülerin A (dunkle Linie) sind sehr ausgeglichen. Trotz eines IQ von ‚nur' 112 gehört sie zu den besten ihrer Klasse. Bei unausgeglichenen Werten, vor allem im sprachlichen Bereich, sind die Leistungs- und Laufbahnprognosen in der Regel schlechter.

Ein Experiment – Übung macht den IQ-Meister

17 Schüler einer 9. Klasse beteiligten sich im Rahmen des Stoffgebiets Berufswahl im Fach Wirtschaft/Recht an einem Intelligenztest-Training. Ohne Übung und Zusatzinformationen schafften sie im Intelligenztest PSB 6-13 im Schnitt 120 IQ-Punkte. Das ist ein für die Schulart normaler Wert. Danach wurden diese Strategien eingeübt:
- *Zufallsstriche am Ende der Bearbeitungszeit*
- *Aufgaben im Kopf lösen, während der Testleiter Aufgaben erklärt*
- *Verwendung kurzer Wörter und Wortfamilien in Wortfindungstests*
- *Übung typischer Aufgaben zum logischen Denken*
- *Konzentrationstraining, Training und Tricks für das Kopfrechnen*

Das Training verbesserte den IQ im Schnitt um 17 Punkte auf 137 (+14%). 5 von 17 Schülern erreichten sogar 145 IQ-Punkte. Durch Übung und Testerfahrung konnten die Ergebnisse eindeutig verbessert werden. Das erklärt auch die PISA-Spitzenleistungen finnischer Schüler. Sie trainieren alle Arten von Tests – früh, oft und intensiv.

Hochbegabung und Schulerfolg

Fall: *Bei K, 6. Klasse, wurde ein IQ von 143 gemessen. Als K von diesem Wert erfuhr, hielt er das Lernen für überflüssig. Er verhielt sich auch zunehmend auffälliger und strandete in einer Clique, für die nur Trinken, Rauchen und Gammeln zählte. Eltern, Lehrer und Psychologin schafften es nicht, ihn wieder in die Spur zu bringen.*

Hochbegabte Kinder neigen zwar *nicht* häufiger als andere zu Verhaltensauffälligkeiten, aus den folgenden Gründen gehen sie aber oft nicht richtig mit dem Wissen um hohes intellektuelles Potenzial um:

Spät entwickelte Sozialkompetenz
Ein Ergebnis aktueller Gehirnforschung ist, dass sich die Sozialkompetenz erst sehr spät entwickelt. Deshalb prahlen Kinder gerne mal mit ihrem IQ. Das kommt in der Gruppe natürlich nicht so gut an.

Aufgezehrte Wissensvorsprünge
Unterschätzt man schulische Anforderungen, merkt man oft zu spät, dass Wissensvorsprünge aufgezehrt und stattdessen Vorkenntnislücken entstanden sind.

Übung ist wichtiger als Begabung
Der IQ entscheidet in der Schule, im Studium und im Beruf je weniger über den Lernerfolg, desto weiter der Lernprozess fortgeschritten ist. Dann wird der Übungsquotient immer wichtiger. Das wurde vom Max-Planck-Institut für Bildungsforschung bestätigt: Nur Übung

mache demnach wirklich intelligent. Fehlende Übung sei selbst durch hohe Intelligenz *nicht* zu kompensieren. Geringe Begabung sei dagegen mit viel Übung und Expertise sehr wohl auszugleichen.

Begabungsprofil – Ein 100-Punkte-Test

Fall: *In einer Mathematik-Arbeit schaffte Ina zweimal nur eine Fünf. Mathelehrer L ist deshalb davon überzeugt, dass Inas mathematische Intelligenz nicht für das Gymnasium ausreicht.*

Erinnern Sie sich an das Eisberg-Modell von Seite 3? In Tests zum logischen Schlussfolgern, räumlichen Denken und Rechnen schaffte Ina gute bis durchschnittliche Werte schaffte. Positiv wurden auch Motivation, Konzentration und Lernverhalten getestet. Ein Angstfragebogen deckte als Ursache allein Mathematik-Ängste auf. Der folgende 100-Punkte-Test ermittelt wegen der im Fall K beschriebenen Gefahr keinen IQ. Sinnvoller sind Informationen zum Begabungsprofil, um wie bei Ina Ursachenforschung zu betreiben. Man braucht nur eine Uhr und gut 30 Minuten Zeit. Für jede richtige Lösung gibt es einen Punkt. Die Musterlösungen finden Sie auf Seite 189, Auswertungen und Verbesserungsvorschläge auf den Seiten 13 bis 16.

1. Wie gut ist dein Allgemeinwissen?
Streiche in den 30 Wörtern den falschen Buchstaben, der nicht zu den Begriffen aus den Wissensgebieten passt! Du hast drei Minuten Zeit. Beispiel: DÜNCHEN, D streichen   _____ von 30 Punkten

Geographie	Biologie	Kultur	Medien	Physik
DOLAU	UFERD	OCHILLER	MICROSOFA	GRIMM
STEHN	ZAIS	DÜREN	LUDEN	RINSTEIN
MÜSCHEN	BUCCE	AKKERD	RETORTER	KOLMOS
VESEV	VITUS	ROSOKO	ZOF	KRAUT
KRONTIEN	MASKEL	OBOS	PUTOR	STROH
PEKINI	ANSTOMIE	SOPRAS	MEXIKON	COLT

2. Bist du ein Logik-Freak?

Streiche *die* Zahlen, Buchstaben und Zeichen, die nicht in die logischen Reihen passen! Du hast fünf Minuten Zeit. Das Alphabet für die Buchstaben: a b c d e f g h i j k l m n o p q r s t u v w x y z;
Bsp.: 1 4 7 10 13 15; 15 streichen   _____ von 20 Punkten

Zahlen						Buchstaben					Zeichen
11	9	7	7	3	1	a	b	c	e	b	a	⌐ ⌐ ⌐ ⌐ ¬ ⌐
1	12	23	35	45	56	z	y	x	w	v	t	I II III II IIII IIII
8	14	20	20	15	8	b	d	f	g	j	l	▷ △ ◁ ▷ ▷ ◁
3	9	4	16	5	36	a	c	f	i	o	u	= I = I – II
1	2	4	7	12	16	A	e	C	g	E	j	⅄ ⅄ ⅄ ⊥ ⅄ ⅄
16	4	81	7	64	8	C	d	G	i	K	l	
7	11	14	23	28	44	c	d	i	j	o	q	I > _ ∧ ⁻ <

3. Kannst du gut rechnen?

Errechne die Quersumme dieser Zahlen! Du hast 80 Sekunden Zeit.
Beispiel: 8273645, Quersumme 35;   _____ von 10 Punkten

8576542=	7684524=	1857623=	4197237=	9752436=
6842735=	5853647=	3214978=	5816792=	3489816=

4. Kannst du räumlich denken?

Wie viele Flächen haben die abgebildeten Körper? Du hast 90 Sekunden Zeit. Beispiel: Kugel = 1; Würfel = 6; Zahlen bitte darunter schreiben!   _____ von 10 Punkten

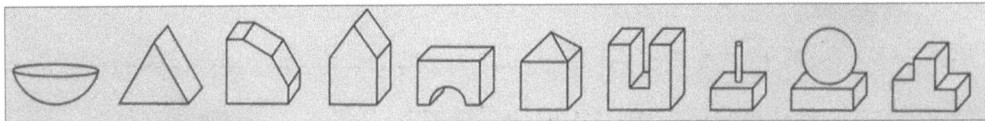

5. Was passt nicht zu den Wortfamilien?
Streiche das Wort, das nicht zur Familie passt! 90 Sekunden Zeit.
sprechen, flüstern, schreien, brüllen, ~~denken~~   _____ von 10 Punkten

gelb	bunt	violett	orange	blau
Wildkatze	Fuchs	Hamster	Bär	Hirsch
heiter	froh	klug	lustig	witzig
Buche	Eiche	Fichte	Ahorn	Linde
Video	DVD	USB-Stick	CD	Computer
schmal	lang	breit	eckig	kurz
meist	nie	pünktlich	selten	oft
Pastor	Pfarrer	Bischof	Ministrant	Kaplan
fahren	laufen	springen	hüpfen	gehen
Jesus	Buddha	Bethlehem	Moses	Bibel

6. Findest du passende Entsprechungen?
Finde die jeweils passenden Entsprechungen! 90 Sekunden Zeit; Beispiel: Rumpf zu Beine wie Jacke zu <u>Hose</u>   _____ von 10 Punkten

Schere zu Papier wie Säge zu_____

Suppe zu Löffel wie Heu zu_____

loben zu fleißig wie tadeln zu _____

Frosch zu Kaulquappe wie Schmetterling zu_____

scharf zu Pfeffer wie süß zu _____

Zeit zu Uhr wie Temperatur zu_____

Wüste zu Oase wie Meer zu _____

Wort zu Sprache wie Ton zu_____

Buch zu Seite wie Leiter zu_____

Strom zu Ampère wie Spannung zu _____

7. Wie groß ist dein Wortschatz?
Es sind zehn Substantive aufzuschreiben, die mit Q beginnen. Du hast 90 Sekunden Zeit.   _____ von 10 Punkten

_____

_____

_____

Gesamtpunktzahl: ____	5. Kl.	6. Kl.	7. Kl.	8. Kl.
Super gemacht!	ab 69	ab 72	ab 75	ab 78
Das ist ganz ordentlich!	41-68	44-71	47-74	50-77
Du musst noch üben!	0-40	0-43	0-46	0-49

Die folgenden Werte zeigen an, wo Verbesserungsbedarf besteht:

Verbesserungsbedarf	5. Kl.	6. Kl.	7. Kl.	8. Kl.
Aufgabe 1 (max. 30 P.)	0-10	0-12	0-13	0-15
Aufgabe 2 (max. 20 P.)	0- 7	0- 7	0- 8	0- 8
Aufgabe 3 (max. 10 P.)	0- 4	0- 4	0- 5	0- 5
Aufgabe 4 (max. 10 P.)	0- 4	0- 4	0- 5	0- 5
Aufgabe 5 (max. 10 P.)	0- 5	0- 5	0- 6	0- 6
Aufgabe 6 (max. 10 P.)	0- 4	0- 4	0- 5	0- 6
Aufgabe 7 (max. 10 P.)	0- 4	0- 4	0- 5	0- 5

Schwächen? Nein, Verbesserungsmöglichkeiten!

Test 1: Allgemeinwissen

Neugierige Menschen fragen gerne, denn ‚wer nicht fragt, bleibt dumm'. Auch für Albert Einstein war es ‚wichtig, dass man nicht aufhört zu fragen'. Fernsehen macht Kluge klüger, Dumme dümmer – mehr dazu im Kapitel Fernsehen. Genauso wichtig wie das Fragen ist das Lesen. Leseempfehlungen, gute Zeitschriften und Magazine für Kinder und Jugendliche finden Sie im Kapitel Lesen. Lexika und Webseiten sind Fundgruben für das Allgemeinwissen. Universitäten bieten immer mehr Ferien-Programme (Kinder-Uni) für Neugierige an.

Test 2: Logisches Denken
Strategiespiele wie schach fördern das logische Denken und die Konzentrationsausdauer. Das Gehirn liebt Rätsel und schüttet bei Erfolgen sogar Glücksbotenstoffe aus. Mathematik, Physik, Chemie und Schulwettbewerbe wie ‚Adam-Ries' oder ‚Känguru' fördern logische Fähigkeiten. Floh und Flohkiste, PM und Geolino sind Kinder-Magazine mit interessanten Knobeleien für Logik-Freaks. Alle musikalischen und künstlerischen Aktivitäten verbessern logisches Denken, Konzentration und Gedächtnis. Enzensberger schreibt in seinem Buch ‚Zahlenteufel' über faszinierende mathematische Rätsel und ein kleines Teufelchen, das einem Jungen im Traum die Mathematik-Angst nimmt. Das Einstein-Rätsel finden Sie im Kapitel Strukturen. Einstein glaubte tatsächlich, dass es nur von zwei Prozent aller Menschen zu lösen sei. Mit der auf Seite 41 abgebildeten Lösungsmatrix schafft das fast jeder, der es schaffen will und sich dafür Zeit nimmt.

Test 3: Rechnen, speziell Kopfrechnen
Taschenrechner erschweren zunehmend die Orientierung im Zahlenraum. Zeitverluste und Fehleinschätzungen von Größenordnungen sind die Folgen. Wichtig ist rechnen, rechnen und noch einmal rechnen – und das am besten im Kopf. Das Gehirn beschäftigt sich sehr gerne mit Zahlen. Alltagsrechnen ist deshalb wie Gehirnjogging: die Zimmergröße, der Umfang oder das Volumen eines Fußballs …

Test 4: Räumliches Denken
Handwerk trainiert immer auch das räumliche Denken. Die Auseinandersetzung mit Sinnestäuschungen wird mit Büchern oder Ausstellungen, z.B. im Turm der Sinne in Nürnberg, angeregt. Auch Schulfächer wie Kunst und Geometrie entwickeln die räumliche Wahr-

nehmung. Tangram fördert die Phantasie und das Gefühl für Flächen und Formen. H.C. Eschers bekannte Bilder von optischen Täuschungen sind immer eine große wahrnehmungstechnische Herausforderung, vgl. Schieferbild mit einer seiner bekanntesten Formen:

Tests 5 bis 7: Sprachliche Fähigkeiten
Wer liest, hat mehr im Kopf. Daraus folgt: lesen, lesen, lesen! Wer die Sprache nicht beherrscht, kann auch nicht richtig denken. Alle Aufgabentexte und Textaufgaben sind unklar, wenn das Leseverständnis fehlt. Sprachliche Fähigkeiten werden in allen Fächern, vor allem in Deutsch und in Fremdsprachen geübt. Wichtig sind zuhören, mitdenken und mitmachen. Konfuzius lehrte, dass wir etwas erst verstanden haben, wenn wir es selber tun. Beispiele: Tagebuch

schreiben, Brieffreundschaften pflegen, Mitarbeit in der Schülerzeitung, Wahlkurse für kreatives oder journalistisches Schreiben belegen. Auf den Seiten 37-43 finden Sie Techniken wie Fünf-Schritt-Lesetechnik und Mindmaps. Das Kapitel Lesen (Seite 159 ff.) bietet Ihnen viele Übungen zum Textverständnis und zum Lesenlernen. Auch Bibliotheken sind wahre Fundgruben für neugierige Menschen: *Lesen erweitert die Grenzen des Wissens und der Phantasie*.

Hochbegabung – Frühförderung – Mensa

Muss es eine Hochbegabtenschule sein? Diverse Studien und Schulversuche zeigten Probleme im sozialen Miteinander von Hochbegabten auf. Die Enrichment-Angebote normaler Gymnasien bieten eigentlich genug Anspruch, Vielfalt und Förderung. Die Gefahren übertriebener Frühförderung, so wie sie aktuell in den USA zu beobachten sind, werden im Film ‚*Wunderkind Tate*' mit der hochbegabten Jodie Foster und ihrem genialen Filmkind auf liebevolle Weise thematisiert.

Das Thema *Mensa*: Der Philosoph Karl Popper lehnte eine Aufnahme in Mensa ab, weil er nie einem Verein beitreten würde, dessen Inhalt allein der hohe IQ seiner Mitglieder sei. Die Mensa-Mitglieder, weltweit über 110.000, davon gut 7.500 in Deutschland, sehen ihren Verein natürlich positiver. Ein Mitglied beschreibt Mensa als ‚*Kreuzung zwischen einem geistigen Sportverein und einer Selbsthilfegruppe*'. Man trifft sich, um zu diskutieren und Denksportaufgaben zu lösen. Auch Vorträge, Reisen und Hobby-Aktivitäten zählen zum Programm. MinD, das Mensa-Magazin, findet man als PDF-Datei auf mensa.de. Abschließend sechs weitere Adressen für Informationen zum Thema Hochbegabung:

hochbegabten-homepage.de	hochbegabtenhilfe.de
karg-stiftung.de	schulberatung.bayern.de
begabtenzentrum.at	tate.at

Das Wichtigste über Intelligenz

Wenn man das Lernen als lebenslange Umorganisation des Gehirns versteht, dann gehören die schnelle Problemerfassung, der rasche Zugriff auf das Gedächtnis und die schnelle Anpassung an Neues zum gemeinsamen Nenner von Intelligenzdefinitionen.

Es gibt viele Probleme mit der Messung von Intelligenz: *Was* wird aufgrund *welcher* Annahmen *wie* gemessen und *wie* interpretiert? Wichtige soziale, kreative, motorische und musikalische Fähigkeiten sind kaum zu erfassen, Bildung gar nicht. Die Ergebnisse hängen außerdem mehr als erwünscht von Übung und Erfahrung ab.

Risiken von IQ-Tests stehen nicht auf Beipackzetteln: Unterschätzung der Anforderungen in der Schule, nachlassende Arbeitshaltung, Selbstüberschätzung und Motivationsprobleme. Der ÜQ ist also definitiv wichtiger als der IQ.

Manche Intelligenzmodelle bergen Gefahren: Fehlende sprachliche und logische Kompetenzen sind durch andere nicht sinnvoll zu kompensieren.

Der Streit zwischen Biologismus und Sozialisationslehre ist entschieden. Indem Kluge ihre Umwelt entsprechend gestalten, werden sie noch klüger. Das wird durch das Elternhaus maßgeblich geprägt und verstärkt.

Sprachliche Fähigkeiten sind *die* kognitive Schlüsselkompetenz. Aus dem 100-Punkte-Test ergibt sich ein Begabungsprofil: Sprachliches, Logisches, Raumwahrnehmung, Kopfrechnen und Konzentration.

Das Eisberg-Modell zeigt, wie unentbehrlich Diagnosen sind. Ohne gute Diagnostik ist individuelle Lernförderung nicht möglich.

Übung macht auch bei Intelligenztests den Meister. Vor Aufnahme- und Einstellungsprüfungen können sie gut trainiert werden. Wirklich neue Testaufgaben sind eher selten.

Gedächtnis – Für das Verständnis aller Dinge (Platon)
Das Gedächtnis ist ein Tagebuch, das wir immer bei uns tragen.

So werden die Dinge *merk*würdig und be*merken*swert

Mnemosyne, die Mutter der Musen, wurde von den Athenern als Gedächtnis-Göttin verehrt. Für Platon war das Gedächtnis *die* Voraussetzung für das Verständnis aller Dinge. Auch wenn sich der moderne Mensch immer mehr auf externe Speicher verlässt, gelten nach wie vor dieselben Gesetzmäßigkeiten beim Lernen …
… mit allen Sinnen, also multimodal: sehen, hören, (be)greifen, riechen und schmecken
… durch Vernetzung von Nervenzellen, Hirnarealen und der beiden Gehirnhälften
… mit Phantasie und positiven Gefühlen für ein gut funktionierendes episodisches Gedächtnis
… durch Koppeln von Fakten, den Logogenen, und von Bildern im Kopf, den Imagenen
… durch ‚Bahnungen': Wiederholungseffekte machen aus langsamen ‚Trampelpfaden' der Erinnerung schnelle Datenautobahnen, die verschiedene Gehirnregionen schnell miteinander verbinden.

Verschlungene Wege der Speicherung im Gehirn

Das ist der lange und beschwerliche Weg der Sinneseindrücke aus unserer Außenwelt in die Innenwelt unseres Gehirns:
Sinnesreize werden zunächst von der Großhirnrinde verarbeitet. An die Wahrnehmungen können wir uns auch erinnern, wenn sie uns nicht bewusst sind. Das läuft im unbewussten, impliziten Gedächtnis ab. Musterbeispiele für dieses prozedurale Lernen sind schwimmen und Fahrrad fahren. Um ins Bewusstsein vorzudringen, müssen die Reize nun an den Hippocampus (weißer Pfeil) weitergeleitet werden. Dort wird darüber entschieden, welche Informationen wichtig sind und an das Großhirn zurück geschickt werden. Sind sie dort

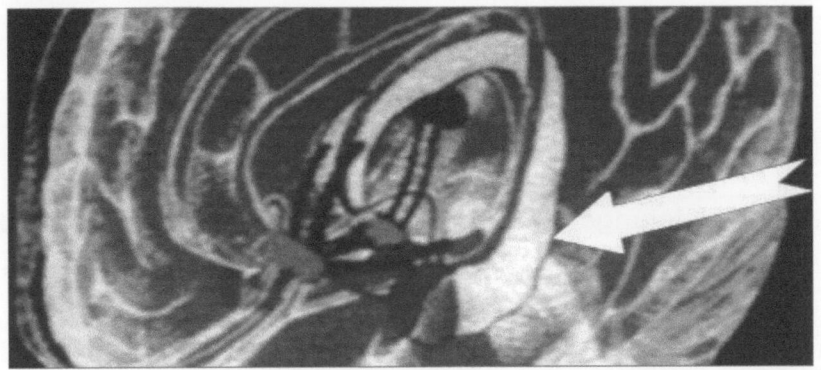

abgespeichert, spricht man vom bewussten oder expliziten Gedächtnis. Dazu gehört auch das episodische oder Erfahrungsgedächtnis für die Emotionen und das semantische für die Fakten. Der japanische Forscher Tonegawa hat das episodische Gedächtnis in speziellen Neuronen-Kreisläufen im Hippocampus lokalisieren können. Auffallend ist, dass diese auch Seepferdchen genannte Region immer wieder als Sammel-, Bewertungs- und Umlaufzentrale für eingehende Informationen im Mittelpunkt der Forschung steht. Weitere Studien zeigten, dass richtige Erinnerungen allein von Nervenzellen im Hippocampus gespeichert wurden, falsche dagegen in verschiedenen anderen Regionen. Die drei Gedächtnisspeicher Ultrakurzzeitgedächtnis (Sinnesspeicher), Kurzzeit- und Langzeitgedächtnis sind dagegen keinen bestimmten Hirnregionen zuzuordnen. Das UKZG nimmt die Reize mit den Sinnen auf. Dann prüfen bestimmte Kontrollinstanzen im Gehirn, welche Reize den Flaschenhals Kurzzeitgedächtnis passieren dürfen. Dabei spielt der NMDA-Rezeptor eine wichtige Rolle: Ein Lernreiz muss stark genug sein, um sich von einem bestimmten Grundrauschen abzuheben. Dann sorgt dieser Rezeptor für die Aufnahme des Signals in das KZG. Bei bedeutsamen, emotional gefärbten und häufig wiederholten Reizen sorgen die die schon erwähnten Kontrollinstanzen dafür, dass sie im LZG abgespeichert werden. Allen anderen Reizen verwehrt ein mittlerweile identifiziertes Molekül den Zugang zum Tiefenspeicher LZG.

Sechsfach-Doping für das Gedächtnis – nur für das Gedächtnis

An diesem Gedächtnis-Doping hat niemand etwas auszusetzen:

Außergewöhnliche Dinge und Erlebnisse

An besondere Erlebnisse kann man sich besonders gut erinnern, weil sie ohne Wiederholungen im episodischen Gedächtnis verankert werden. Auch seltsame und komische Menschen oder Geschichten sind merkwürdig. Beim Lernen sollten wir die Lernstoffe also – falls möglich - mit bemerkenswerten Dingen und Personen verknüpfen.

Erlebnisse, die uns emotional berühren

Peinliche oder aufregende Erlebnisse und Handlungen und Personen aus Filmen und Büchern, die unsere Gefühle berühren, sind unvergesslich und deshalb leicht zu speichern. Auch Lernstoffe sollten also mit Gefühlen, Phantasie und Bildern im Kopf gekoppelt werden.

Zusammenhängende Dinge

Wichtiger als die Dinge selbst ist ihr Zusammenhang. Die Handlung eines Buches oder Films lässt sich länger im Gedächtnis behalten, weil die Kapitel oder Szenen zeitlich und durch die Handlung miteinander verbunden sind. Mit ein bisschen Übung sind auch Lernstoffe durch einen Zeit- oder Handlungsrahmen besser zu speichern.

Interesse und Neugier

Gehirnforscher sind sich einig, dass uns die Neugier in die Wiege gelegt wird. Unser Gehirn kann gar nichts anderes, tut nichts lieber und das ständig und ein Leben lang: lernen. Dinge, auf die wir neugierig sind, hinterlassen also tiefere Spuren im Gedächtnis.

Mittags- und Nachtschlaf

Harvard-Wissenschaftler erforschten, dass Mittagsschlaf die Konzentration und Gedächtnisleistung um bis zu 30 % steigern kann. Auch der Nachtschlaf ist gut für das Gedächtnis: In den Traumschlafphasen kommt es zur Einordnung des tagsüber Gelernten, in den Tiefschlafphasen zu mehreren Wiederholungen.

Selbständiges Arbeiten

Nach Konfuzius gibt es nur einen Weg zum Verständnis, das Tun:

> *Sage es mir, und ich vergesse es.*
> *Zeige es mir, und ich erinnere mich.*
> *Lass es mich tun, und ich verstehe es.*

Aktuelle Studien bestätigen, dass Lernen und Verständnis vor allem durch eigenes Tun gefördert werden. Selbst gefertigte Lernkärtchen sind demnach besser als gekaufte und selbst geschriebene Spickzettel einleuchtender als jedes Lehrbuch. Besonders effektiv ist das ‚Lernen durch Lehren', das Erklären von Gelerntem. Was wir erklären können, haben wir auch wirklich verstanden.

Lernen mit allen Sinnen

Macke: *Die Sinne sind uns Brücke vom Unfassbaren zum Fassbaren.* Deshalb sollte man wissen, welche Sinneseindrücke die meisten und tiefsten Spuren der Erinnerung im Gehirn hinterlassen.

Lernkanal Hören: Lesen Sie Ihrem Kind in 20 Sekunden zehn Begriffe vor: Flugzeug, Handtuch, Klavier, Kamin, Kissen, Tasse, Fenster, Straße, Decke, Kirchturm. Dann stellen Sie 20 Sekunden lang Kopfrechenaufgaben. Abschließend hat Ihr Kind eine halbe Minute Zeit, alle Wörter aufzuschreiben, an die es sich noch erinnern kann.

Lernkanal Lesen: Sie zeigen Ihrem Kind in 20 Sekunden zehn aufgeschriebene Begriffe: Schneemann, Haustür, Apfel, Fahrrad, Klavier, Finger, Rasen, Lampe, Becher, Mantel. Anschließend wieder 20 Sekunden Kopfrechnen und 30 Sekunden für das Notieren der Wörter.

Lernkanal Sehen: Zeigen Sie jeweils zwei Sekunden lang zehn Gegenstände und lassen sie gleich wieder unter dem Tisch verschwinden: CD, Kerze, Pinsel, Wecker, Zwiebel, Zeitung, Schnuller, Schere, Puppe, Kreide. Dann 20 Sekunden Kopfrechnen lassen und wieder 30 Sekunden Zeit zum Aufschreiben der Wörter lassen.

Lernkanal-Mix: Zehn Gegenstände – Brötchen, Stofftier, Kette, Rahmen, Bleistift, Hammer, Messer, Blume, Stoppuhr, Handy – werden 20 Sekunden lang gezeigt (Sehen), benannt (Hören) und notiert (Schreiben und Lesen). Die Notizen werden sofort wieder abgedeckt. Dann 20 Sekunden Kopfrechnen und 30 Sekunden Zeit zum Aufschreiben der Wörter lassen.

Für jedes richtige Wort gibt es einen Punkt. Trage die Punktzahlen in die Liste auf Seite 23 ein, trage sie dann an den vier Achsen ab und verbinde sie mit den Sternen! So ergibt sich ein ganz persönlicher Lernstern:

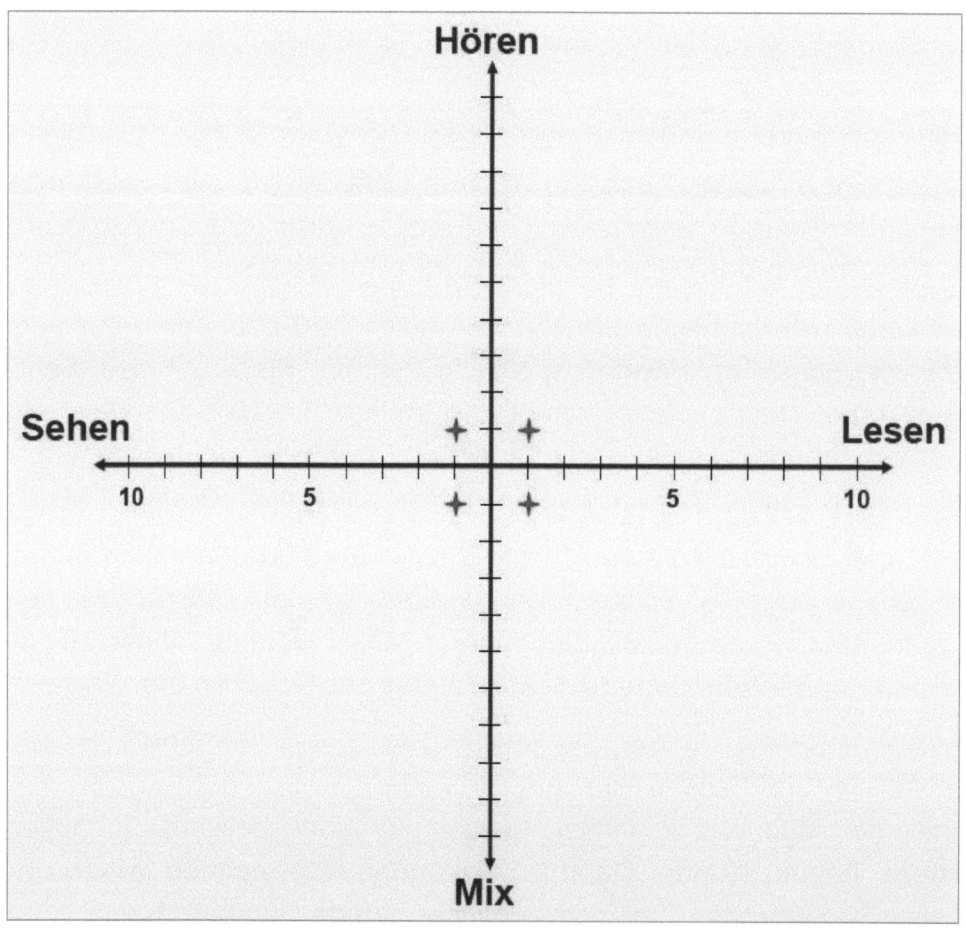

Lernkanal Hören	____ Punkte, →	Ohrenmerker?
Lernkanal Lesen	____ Punkte, →	Leseratte?
Lernkanal Sehen	____ Punkte, →	Augenlerner?
Lernkanal-Mix	____ Punkte, →	Konfuzius-Typ!

Meine persönliche Statistik zur kurzfristigen Speicherung von Sinneseindrücken: 1500 Tests in der Lernwerkstatt unserer Schule zeigten, dass durch das Sehen (6,4 von 10) im Schnitt signifikant mehr aufgenommen wird als durch das Lesen (4,8) und Hören (5,2). Am besten schnitt der Mix aus allen Kanälen plus Schreiben (7,1 von 10) ab. Lerntypentests werden heute zwar zu den Lernmythen gezählt, der letzte Durchschnittswert bestätigt aber definitiv die Überlegenheit multimodalen Lernens, also des Lernens mit allen Sinnen. Das bedeutet z.B. lesen, hören, schreiben, Skizzen zeichnen, sich Bilder im Kopf ausmalen, gliedern, Spickzettel schreiben, Matrix oder Mindmaps erstellen und am Ende jemandem das Gelernte erklären. Dann arbeiten ganz verschiedene Gehirnareale optimal zusammen.

Vernetzen – Mit Ideen und Phantasie

Goethe, Mozart oder Einstein verdankten ihre Genialität nicht zuletzt auch einem hervorragenden Gedächtnis. Ein tolles Gedächtnis hat aber nicht automatisch etwas mit Hochbegabung zu tun. Für extreme Gedächtnisleistungen können auch Hirnanomalien verantwortlich sein: Manche Menschen besitzen zum Beispiel keinen Balken, den Corpus callosum, andere sind Asperger-Autisten mit speziellen Inselbegabungen. Der Film *Rain Man* mit Dustin Hoffmann und Tom Cruise erzählt die authentische Geschichte eines solchen Savants: Geistigen Spitzenleistungen auf einem Gebiet stehen große Defizite auf anderen gegenüber. Für ganz normale Gehirne holen wir nun die besten Tricks aus der Zauberkiste der ‚Mnemo-Göttin' Mnemosyne:

Anfangsbuchstaben als Gedächtnisanker

Aus Anfangsbuchstaben formt man *merkwürdige* Abkürzungen, auch Akronyme genannt. Für US-Schüler ist zum Beispiel **HOMES** ein Begriff für die Anfangsbuchstaben der fünf großen heimischen Seen: **H**uron, **O**ntario, **M**ichigan, **E**ire und **S**uperior Sea.

Pluto wurde 2006 zum Zwergplaneten degradiert. Nun gilt für die Anfangsbuchsraben der Planetenfolge unseres Sonnensystems:
Mein **V**ater **e**rklärt **m**ir **j**eden **S**onntag **u**nseren **N**achthimmel.
(**M**erkur, **V**enus, **E**rde, **M**ars, **J**upiter, **S**aturn, **U**ranus, **N**eptun)

Regenbogenfarben: **R**omeos **O**ma **g**oss **g**roße **B**lumen **i**n **V**erona.
Folge der Gitarrenseiten: **E**ine **a**lte **D**ame **g**ing **H**ering **e**ssen.
Die vier häufigsten Elemente der Erde: **O**h **Si**e **al**tes **Fe**rkel!
Ostfriesische Inseln (von West nach Ost): **B**unte **J**acken, **n**ackte **B**acken, **l**ange **S**trände, **W**olkenwände.

Reime als Eselsbrücken

Simple Lernstoffe kommen durch Reime – am besten selbst ausgedachte – schneller ins Gedächtnis. Einige bekannte Eselsbrücken:
Mit, nach, von, seit, aus, zu, bei, verlangen stets Fall Nummer 3.
He, she, it, das s muss mit.
Differenzen und Summen kürzen nur die Dummen.
Was die Kugel auf dem Leibe hat, ist viermal Pi mal R Quadrat.
Was kugelt da an mir vorbei? Vier Drittel Pi mal R hoch drei!
Sieben, fünf, drei, Rom schlüpft aus dem Ei.
Drei, drei, drei, bei Issos Keilerei.
Kupfer rot und Silber blank, heißt, der Mensch ist zuckerkrank.

Bildung von Oberbegriffen

Beispiel 1: 20 Wörter und Zahlen sind zu memorieren: Schlange, 2580, BMW, Rose, Wale, 1379, Nelke, 2486, Porsche, Tulpe, Katze, Audi, 1831, Ferrari, Lilie, Opel, Orchidee, Krake, 1671, Qualle.

Begriffsfamilien verbessern Struktur und Speicherung:

Tiere: Schlange, Wale, Katze, Krake, Qualle
Automarken: BMW, Porsche, Audi, Opel, Ferrari
Zahlen: 2580, 1379, 1831, 2486, 1671
Blumen: Rose, Nelke, Tulpe, Lilie, Orchidee

Dank dieser Gedächtnistricks wird alles noch merkwürdiger:

Tiere: Vokalfolge immer a und e, dazu Bilder im Kopf
Automarken: Anfangsbuchstaben BOPFA, PFABO, BOFAP
Zahlen: Telefontastatur-Trick: Z, Raute, Dreieck, Linie
Blumen: Anfangsbuchstaben RONTL; alle enden auf e

Beispiel 2: Merke dir diese zehn Verben: Wetten, träumen, singen, summen, gähnen, arbeiten, erzählen, sehen, suchen, springen.
Diese zehn Verben sind leichter zu lernen: schleichen, gehen, laufen, rennen, rasen; flüstern, sprechen, reden, rufen, schreien.
Die fünf ersten sind Verben der Fortbewegung, die zweiten fünf sind Verben der Kommunikation – beide jeweils in gesteigerter Form.

Merkketten – Merkwürdige Geschichten

Für nicht Zusammenhängendes muss man eben Zusammenhänge finden. Beispiel: *Grippe, Weihnachten, Konzert, Einstein, Wochenplan, Athen, Bogenschießen, 259, Gedächtnis, Kopfschmerzen.* Die Merkkette bildet einen geschlossenen Kreis mit zehn Kettengliedern:

> Eine böse *Grippe* hatte ich ausgerechnet zu *Weihnachten*. Deshalb fehlte ich beim Weihnachts*konzert* meiner Schule. Ein Geiger hat mal wieder so schlecht gespielt wie *Einstein* in seinen Pausen. Auch in meinem *Wochenplan* sind Pausen wichtig. Unter Freizeit steht dort *Bogenschießen*: Wenn ich so gut treffen würde wie der Olympiasieger von *Athen*, könnte ich mit 30 Pfeilen *259* Ringe erzielen. Seinen Namen habe ich nicht mehr im *Gedächtnis*, weil ich starke *Kopfschmerzen* habe – hoffentlich nicht schon wieder eine *Grippe*.

Ziffern-Buchstaben-Kombination – Für Zahlenfreaks

Zahlen werden nach einem Code in Wörter übertragen: Die Zahl 3575 steht dann für mrkl = Merkel. Vokale werden ignoriert:

0=s, z, ß	1=d, t	2=n	3=m	4=f, v
5=r, l	6=b, p	7=k, q, ch, ck	8=sch, h	9=g, ng, j

Verknüpfungen von Wort und Bild

In den PISA-Studien wird ein multiples Mentalmodell nach Paivio zitiert. Demnach arbeiten beim Lernen zwei voneinander unabhängige aber gleichwertige Gedächtnissysteme, genannt Logogene und Imagene, zusammen. Wer es schafft, Worte (Logogene) und Bilder (Imagene) bestmöglich zu koppeln, lernt effektiver. Imagene sind materielle, mentale und auch Sprachbilder. Im Idealfall werden Worte zu Bildern und Bilder wieder zu Worten. Das führt nachweislich zu einer breiter angelegten Repräsentation des Gelernten im Gehirn. Meister dieser Technik war der englische Mathematik-Professor

Dodgson, besser bekannt unter dem Pseudonym Lewis Carroll. Seine Alice-Bücher sind äußerst merkwürdig: Traumhafte Bildphantasien werden mit Zahlen und Versen verknüpft und deshalb vom Leser oft lebenslang gespeichert.

Kopplung von Namen und Gesichtern

Gesichter verankern wir in der Fusiform Face Area, dem Gesichtsareal. Ein gutes Namensgedächtnis braucht man z.B. in Geschichte.

1. Schritt: Mache die Namen interessant!
Beispiel: Lernen diese Namen, du hast 30 Sekunden Zeit: Mirkwer, Kasimov, Grestlow, Pertig, Kanzinga, Heisinck, Kalmsach, Schirkner, Zermert, Kladno. Vergleiche das Ergebnis mit dem für diese Namen: Bleibtreu, Faulmann, Gansauge, Katzenreiter, Bleifuß, Fischer, Hering, Hecht, Krebs, Dorsch. Hier drängen sich Assoziationen geradezu auf: Namen von Freunden, Prominenten, Tieren usw. So verknüpfen Sie Neues mit schon Gelerntem. Das gilt als ideale Voraussetzung für dauerhafte Speicherung im Tiefenspeicher LZG.

2. Schritt: Wiederhole in schwierigen Fällen!
Sind Assoziationen nicht möglich, müssen die Namen durch Wiederholungen verankert werden. Den besten Wiederholungsrhythmus finden Sie im Kapitel Übung auf Seite 56.

3. Schritt: Verknüpfe Namen und Aussehen!
Namen wie Bismarck oder Talleyrand sind schwierig zu schreiben oder auszusprechen. Werden sie zusammen mit anderen Namen genannt, wird es noch komplizierter. Deshalb müssen wir uns die Personen einzeln vor Augen führen und nachfragen, falls das Klang- oder Schriftbild des Namens unklar ist. Grundsätzlich werden Namen merkwürdiger, wenn sie mit Äußerlichkeiten verknüpft werden: Napoleons Hut/Hand im Revers, Bismarcks Pickelhaube/Schnurrbart, Cäsars Nase/Lorbeerkranz, Einsteins zerzauste Haare/freche Zunge oder Gorbatschows Feuermal.

Mindmaps – Speicherpläne für das Gehirn

Mindmaps strukturieren Lernstoffe, sind vom knappen Arbeitsspeicher leichter zu bearbeiten und halten die Konzentration länger hoch. Zwei Beispiele finden Sie im Kapitel Strukturen auf Seite 43.

Lernplakate – Plakative Lernhilfen

Schwierige Lernstoffe merkt man sich besser, wenn Texte und Bilder gekoppelt werden – am besten mit Lernplakaten oder Tafeln. Sie sind schnell gelöscht und wieder neu beschriftet. Mit kreativ gestalteten Texten und Bildern sind Regeln, Vokabeln, Grammatik und Formeln viel besser einzuprägen.

Bild: Familie Pythagoras mit je drei Figuren, Formeln und Reimen.

Merkbilder – Kombinierte Bilder im Kopf

Beispiel: Acht Begriffe müssen in dieser Reihenfolge gelernt werden: Auge, Statue, Nase, Haken, Pferd, Puppe, Gitarre, Krawatte. Dazu ein Merkbild mit einer merkwürdigen Bildgeschichte im Kopf:

Vor meinem geistigen *Auge* sehe ich den Hafen von New York mit der Freiheits*statue*. Weil sie mehr Freiheit versprochen hatte, als sie halten konnte, ist ihr eine lange Pinocchio-*Nase* gewachsen. Daran ist ein goldener *Haken* befestigt, an dem ein gepunktetes Schaukel*pferd* hängt. Darauf reitet meine alte Lieblings*puppe* aus Kinderzeiten. Sie spielt den Song ‚New York, New York' auf der *Gitarre*. Dabei verfängt sich die *Krawatte* in einer gerissenen Saite.

Loci-Technik – Mit dem Ort kommt das Wort

Cicero konnte ohne schriftliche Notizen stunden- und tagelang mitreißende Reden vor dem römischen Senat halten. Seine Strategie war die Loci-Technik. Wieder verbindet man Logogene, also Fakten, Personen oder Paragraphen mit einem Imagen. Bei den Römern waren es Gebäude wie das Kolosseum, für uns sind es Zimmer, Garten oder ein Gesicht, mit denen Details Wort für Ort verknüpft werden. Für Ihr Kind eignet sich am besten das eigene Zimmer, in dem die Lernkärtchen oder Klebezettel auf Zimmerpflanzen, Papierkorb oder Kopfkissen verteilt werden. Mit der Erinnerung an den Ort kommt das Wort ins Gedächtnis zurück. Bild: Ludek muss noch üben.

Zahlen merken mit merkwürdigen Tricks

Zahlen sind mit Bildern ebenfalls besser zu verknüpfen. Bild: Die beiden Streithähne Ludek und Tyto verankern die Zahl Pi mit sieben Nachkommastellen dank ihres heftigen Streits wohl ein Leben lang.

Bilder und Bildgeschichten

Die bekannteste Technik von Gedächtniskünstlern nutzt Assoziationen in Form von Zahlenbildern. Dann sieht man die 0 zum Beispiel als Ei, die 1 als Kerze, die 2 als Schwan, die 3 als Dreizack, die 4 als Kleeblatt, die 5 als Hand oder Haken, die 6 als Elefantenrüssel, die 7 als Fahne, die 8 als Brille und die 9 als Schlange. Mit Bildgeschichten können sich Profis Hunderte von Zahlen merken. Beispiel: Eine längere Zahlenreihe beginnt mit *546* …. Mit Zahlenbildern könnte die Geschichte zum Beispiel so begonnen werden:

> Während eines Zoobesuchs halte ich auf der *offenen Hand (5)* ein vierblättriges *Kleeblatt (4)* und reiche es einem *Elefantenbaby (6)* zum Fressen …

Die Kraft der Imagination

Eine Telefonauskunft verknüpfte die Vorwahl *11880* werbewirksam mit dem Bild von *11* Fußballern, die 88 Mio. EURO verdienen und null Tore schießen. *6112200330007387713* könnte man so verankern:

> Mein Opa ist *61* Jahre alt, ich selbst bin *12*, im Jahr *2003* bin ich nach Kronach gezogen, unser Sportlehrer hat am *30.07.* Geburtstag, meine Schuhgröße ist *38*, die Glückszahl ist *77* und meine Trikots haben alle die Nummer *13*.

Geometrische Bilder

Viele Nummern sind mit dem Telefon-Tastatur-Trick leichter zu behalten. Die Zahl 1379 bildet dort ein Z, die 2580 die Mittellinie usw.

Mathematische Formeln

$$x_{1/2} = \frac{-b \pm \sqrt{b^2 - 4ac}}{2a}$$

Mathematische Formeln sind für viele Schüler und Studenten ein Albtraum. Gedächtnisakrobaten erfinden auch dafür merkwürdige Geschichten. Beispiel: Auflösung quadratischer Gleichungen. Man nennt sie Mitternachtsformel, weil man sie zu jeder Tages- und Nachtzeit beherrschen sollte:

> Ein Bär läuft rückwärts *(-b)*, torkelt, läuft vor- und rückwärts *(±)*, stolpert über eine Wurzel und sieht alles doppelt *(b²)*. Dabei fallen vier Ananas und eine Zitrone herunter *(-4ac)*. Er teilt die Menge *(Bruch)* und findet darunter zwei weitere Ananas *(2a)*.

Rapucation

Rhythmisch vorgetragene Reime hinterlassen tiefe Spuren im Gedächtnis. Besser als Raps aus dem Netz – einfach mal googeln – sind selbst erdachte Wortrhythmen.

Zahlenrhythmen

Beim Erinnern von Zahlen helfen oft einfache Rhythmen. Die Werbung spricht ganz bewusst nicht von ‚vier-sieben-eins-eins' oder ‚eins-eins-acht-acht-null' sondern – für die Kunden viel einprägsamer – von ‚siebenundvierzig-elf' oder ‚elf-achtundachtzig-null'.

Ersatzwortmethode

Beim Vokabellernen nutzt man ähnliche klingende Rhythmen. Zwei Beispiele für englische Vokabeln:

Deutsche Bedeutung	Englische Vokabel	Ersatzspruch
Ich muss	I have to	Ist das so?
Bus fahren	to go by bus	Na das macht Spaß!

Das Wichtigste über das Gedächtnis

Bildgebende Verfahren zeigen, dass es beim Lernen und Speichern vor allem um die Minimierung der zu verarbeitenden Datenmengen geht. Effizient ist ein Gehirn, das die richtigen Daten auswählt, sie mit den bestehenden vernetzt, speichert und für all das möglichst wenig Energie verbraucht.

Individuelles Lernen bedeutet auch, über die jeweils besten Lerneingangskanäle Bescheid zu wissen.

Je mehr Sinne am Werk sind, desto besser ist das Lernergebnis. Multimodales Lernen nutzen man z.B. beim Vokabellernen so: Man sollte Vokabeln nicht nur lesen und aufschreiben, sondern sie auch

hören, als Bilder im Kopf oder auf einer Lernkarte speichern und am Ende auch jemandem erklären. Das entspricht dem römischen Prinzip docendo discimus, dem Lernen durch Lehren.

Das Gedächtnis funktioniert am besten, wenn uns die zu lernenden Dinge viel bedeuten, wenn positive Gefühle ins Spiel kommen, wenn wir Zusammenhängendes lernen, wenn wir neugierig und interessiert sind und wenn wir uns etwas selbst erarbeiten.

Führen Sie Ihr Kind spielerisch an Gedächtnistechniken heran – mit der Anfangsbuchstaben-Methode, mit Bildern im Kopf, Merksprüchen, Begriffsfamilien, Namenstechniken, Merkgeschichten u.a.

Nicht nur Paivio empfiehlt die Kopplung von Logogenen, das sind Worte und Zahlen, und Imagenen, das sind (Zahlen)Bilder, Loci-Technik, Lernplakat, Mindmaps und Merkbilder.

Das Gehirn liebt Rhythmen. Deshalb fällt das Lernen mit Reimen oder Raptexten leichter.

Laut einer Harvard-Studie sind Nachtschlaf und ein 45-Minuten-Mittagsschlaf gut für das Gedächtnis. Im Traumschlaf kommt es zur Einordnung des Gelernten, im Tiefschlaf zu Wiederholungen.

Strukturen – Das Gehirn liebt Struktur

Das Gehirn hat große Lust, Kategorien zu bilden, die Ordnung in unsere Vorstellungswelt bringen.

Den knappen Kurzzeitspeicher überlisten

Beim Lernen müssen die Informationen erst einmal den Engpass Kurzzeitgedächtnis, auch Arbeitsspeicher genannt, überwinden. Das ist neben dem ‚Molekül des Vergessens' der zweite Filter, mit dem das Gehirn Unwichtiges aussortiert. Deshalb ist der Arbeitsspeicher, anders als beim Computer, auf sieben bis zehn Speichereinheiten begrenzt. Das Gehirn liebt klare Strukturen. Wie sollen aber innere Strukturen im Gehirn entstehen, wenn ihm äußere nicht vorgegeben werden. Gute Hilfsmittel der äußeren Strukturierung sind z.B. appetitliche Lernportionen, Spickzettel, Mindmaps, Matrix und Fünf-Schritt-Techniken für das Lesen und Lösen von Textaufgaben. Bild: Mit Rob ist der zu klein geratene Arbeitsspeicher nicht zu überlisten.

Gedächtnisspanne und Lernportionen

Buchstaben: PKLB	Zahlen: 1821
FZBVC	72714
RGFNMI	861676
WRKJTVD	4179652
HTBSLMQF	45987251
VRTFKMGHS	692374528
LPTWMBFSVZ	2837649132
FNMSPBCXRZB	51749728436
KWFNZPXMTHJM	629374518639

Ein bewährter Test zur Messung der maximalen Anzahl von Speichereinheiten im Arbeitsgedächtnis ist der Gedächtnisspannen-Test: Schaffen Sie eine ruhige Arbeitsatmosphäre und lesen dann Ihrem Kind die Buchstaben- oder Zahlenreihen (Bild) vor! Die Gedächtnisspanne entspricht der Zahl von Zeichen, die sich Ihr Kind gerade noch merken kann. Gemessen wird die Spanne von vier bis zwölf Bits. Reicht das nicht aus, setzen Sie die Reihen fort.

Die Konsequenz aus der Tatsache, dass wir nicht so gut ‚kurzzeitspeichern' können, ist das Portionieren, also das Zubereiten von appetitlichen Lernhäppchen. Werden zu viele Vokabeln oder Lernstoffe auf einmal gelernt, ergeben sich Lernhemmungen. Das zeigt diese Grafik: Die ersten und letzten Vokabeln werden gut behalten, der große Mittelteil wird oft vergessen (Vergessensrate 80 %). Ihnen geht es so, wenn Sie jemandem die Story eines Films erzählen. An-

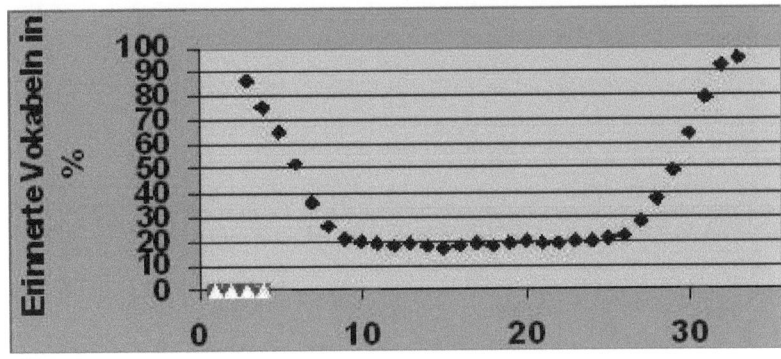

fang und Ende der Geschichte haben Sie besser im Kopf als die Mitte. Wenn von 30 Vokabeln nur die ersten vier und die letzten sechs behalten werden, kann man die mittleren im doppelten Wortsinn vergessen. Daraus ergibt sich der ‚Vokabel-Zehner': Um den Arbeitsspeicher nicht zu überfordern, werden 30 Vokabeln in drei Portionen zu je zehn Vokabeln, zu Beginn, in der Mitte und am Ende der Hausaufgaben, gelernt. Die Ergebnisse des Gedächtnisspannen-Tests können so berücksichtigt werden: Bei einer Spanne von zwölf Speichereinheiten werden 24 Vokabeln in zwei Portionen bearbeitet, bei einer Spanne von acht Einheiten in drei Portionen. Das Bilden von Lernklumpen (Chunks) kann in allen Fächern weiter helfen.

Techniken für mehr Struktur in unserem Gehirn

Textaufgaben – Step by Step zur Lösung

Den begrenzten Arbeitsspeicher entlastet man durch schrittweise Zerlegung von Aufgaben. Beispiel: Bei der folgenden Aufgabe (DDR-Mathe-Olympiade) sind die Lösungsschritte durch Reime vorgegeben. Man rechnet rückwärts und mit umgekehrten Vorzeichen:

> *Eine Zahl habe ich gewählt, dann 107 dazugezählt, danach durch 100 dividiert und mit 11 multipliziert. Zuletzt habe ich 15 subtrahiert und dann ist mir geblieben als Resultat meine Glückszahl 7.*
>
> 1. Schritt: Das Ergebnis lautet 7
> 2. Schritt: 15 addiert, statt subtrahiert, Ergebnis 22
> 3. Schritt: durch 11 dividiert, statt multipliziert, ergibt 2
> 4. Schritt: mit 100 multipliziert, statt dividiert, Ergebnis 200
> 5. Schritt: 107 subtrahiert, statt addiert, Endergebnis 93

Die Fünf-Schritt-Aufgabentechnik

Damit zerlegt man Textaufgaben in leicht kontrollierbare Lösungsschritte und verhindert lästige Leichtsinnsfehler. Beispiel, 5. Kl. Gym.:

> *Die Auffahrt zum Schloss Grusel ist 126 m lang. Sie ist beidseitig mit Bäumen im Abstand von 6 m bepflanzt und an beiden Enden 12 m länger als die Reihen. Wie viele Bäume stehen an der Straße?*
>
> 1. Schritt: Lies die Aufgabe aufmerksam durch und markiere die wichtigsten Angaben!
>
> 2. Schritt: Mache die Aufgabe mit einer Skizze anschaulicher. Trage ganz genau ein, was gegeben ist!
>
> 3. Schritt: Überlege genau, was gesucht ist – die Zahl der Bäume, nicht Zwischenräume! Erinnere dich an ähnliche Aufgaben im Unterricht! Die häufigste Fehlerquelle ist, nur die Zwischenräume zu berechnen. So wie eine Hand 5 Finger und 4 Zwischenräume hat, braucht man für 17 Zwischenräume 18 Bäume.
>
> 4. Schritt: Rechne genau und konzentriert! Tue also, was du tust! $(126 - (2*12)) : 6 = 17$ Zwischenräume je Reihe, also 18 Bäume je Seite. Beachte immer Punkt vor Strich!
>
> 5. Schritt: Formuliere eine Antwort! Sind das Endergebnis, 36 Bäume, und die Größenordnungen realistisch und sinnvoll?

SQ3R – Fünf Schritte auf dem Weg zum Leseverständnis

Das Akronym SQ3R kommt aus den USA und steht für die Arbeitsschritte **S**urvey, **Q**uestion, **R**ead, **R**eview und **R**ecite.

Schritt 1 (S = Überblick): Überfliege kurz den Text! Worum geht es im Text? Wer ist der Verfasser? Wie wichtig ist der Text für mich? Ist eine Probearbeit über diesen Text zu erwarten?

Schritt 2 (Q = Fragen): Stelle Fragen zu Namen, Ortsangaben, Fremdwörtern und unklaren Begriffen! Unterstreiche sie!

Schritt 3 (R = Lesen): Markiere die wichtigsten Textstellen und schreibe Topbegriffe an den Rand!

Schritt 4 (R = Wiederholen): Fasse wichtige Aussagen mit kurzen Texten, Matrix, Mindmaps oder Spickzetteln zusammen!

Schritt 5 (R = Rezitieren/Vortragen): Erkläre das Zusammengefasste deinem Teddybären, Freund oder den Eltern! Dank LDL, also Lernen durch Lehren, versteht man alles viel besser. So erfasst man, was wichtig ist und was nicht.

Ein Beispiel: Im Lehrbuch geht es um ein bekanntes Vogelparadies in der Türkei. Dem Lehrer ist dieses Kapitel offensichtlich sehr wichtig. Mit der Fünf-Schritt-Lesetechnik könnte es so vorbereitet werden:

1. Schritt: Der Text hat Bezüge zu den Fächern Geographie, Biologie und Geschichte. Fragen: Gibt es wirklich noch Paradiese für Vögel? Ist es gefährdet? War da nicht der erste Vogelgrippe-Fall?

2. Schritt: Nutze verschiedene Informationsquellen – Eltern, Lexikon, Atlas oder Internet, z.B. Google Earth:
- Bandirma, Bezirk Balikesir, Nordwest-Türkei
- Hektar: Hundert Ar, 100 mal 100 Meter oder 10.000 qm, das sind etwa eineinhalb Fußballplätze
- Auwälder: Wälder entlang von Gewässern
- Renovierung: wieder neu herrichten
- flügge: Vogel kann fliegen, das Nest verlassen
- Emigrant: Prof. Kosswig musste 1933 emigrieren, auswandern
- Zertifikat: Auszeichnung, Zeugnis
- Ornithologie: Vogelkunde
- Symposien: wissenschaftliche Tagungen
- Kultur: vom Menschen Geschaffenes wie Literatur, Theater, Musik, Film, Kunst, Architektur, Wissenschaft und Bildung

3. Schritt: GTS-Methode mit Markierungen und Top-Begriffen am Rand (Seite 39, rechte Spalte) helfen bei der Textauswertung.

4. Schritt: Überblick verschafft eine kurze Zusammenfassung im Sammelfeld (Seite 39, unten) der GTS-Technik.

Kuş Cenneti – das Vogelparadies

Der bekannteste türkische Nationalpark ist der Cenneti Milli Parki (Nationalpark Vogelparadies) in der Nähe von Bandirma in der Region Balikesir. Das ursprünglich nur 64 Hektar große Gebiet am Manyas See ist mit seinen teils unter Wasser stehenden Auwäldern, den Schilfzonen und dem wechselnden Wasserspiegel ein beliebter Rastplatz für Millionen von Zugvögeln. Vor allem im Frühjahr bevölkern Schwärme von etwa 240 Vogelarten die Bäume und die seichten Seeufer. Viele beziehen wieder ihre im Herbst verlassenen Nester. Nach den notwendigen Renovierungsarbeiten machen sie sich ans Brüten. Erst wenn im Juni der Nachwuchs flügge wird, geht die Reise weiter. In den warmen flachen Gewässern des Sees gibt es mehr als 20 Fischarten, genug Futter auch für Pelikane, Kormorane und Flamingos	Nationalpark Kuş Cenneti

Günstige Bedingungen für etwa 240 Vogelarten

Der Manyas See bietet Futter für die Vogelfamilien |
| Der 1933 aus Deutschland emigrierte Professor Curt Kosswig, Gründer des zoologischen Instituts der Universität Istanbul, erreichte zusammen mit seiner Frau Leonore, dass das Vogelparadies 1959 zum Nationalpark erklärt wurde. Im Jahr 1977 wurde das Gebiet des Nationalparks auf den Manyas See ausgeweitet. Prof. Kosswig erlebte noch, dass sein Nationalpark das Europazertifikat A bekam. Diese Auszeichnung wird nur Gebieten mit besonderer Bedeutung für die Ornithologie verliehen. Paradiese sind jedoch immer bedroht. Die Giftbelastungen durch Industrie und Landwirtschaft haben zwischen-zeitlich deutliche Spuren hinterlassen. 2005 wurde das Gebiet von der Vogelgrippe heimgesucht. | Prof. Kosswig, Förderer des Nationalparks

Erweiterung, Auszeichnung

Gefährdung: Umweltgifte, Vogelgrippe |
| Die vielen angereisten Touristen dürfen den Nationalpark nur von März bis Juli und von September bis Oktober besuchen. Ein kleines Museum mit Aussichtsturm hält Ferngläser und Informationsmaterial bereit. Die 19 km entfernte Kreisstadt Bandirma veranstaltet jährlich im Juni ein Festival zugunsten des Vogelparadieses. Dabei stehen Symposien und viele kulturelle Veranstaltungen auf dem Programm. | Touristen-Attraktion

Festival für den Erhalt des Paradieses |

Sammelfeld: Das Vogelparadies Kuş Cenneti im Nordwesten der Türkei wurde vom deutschen Emigranten Prof. Kosswig entdeckt. Es bietet beste Bedingungen für viele Vogel- und Fischarten. Der zunächst sehr kleine Nationalpark wurde auf den gesamten Manyas See ausgeweitet und ist für die Vogelkunde von großer Bedeutung. Das Touristenziel ist durch Umweltgifte und Vogelgrippe bedroht. Für den Erhalt des Paradieses wird jährlich ein Festival veranstaltet.

5. Schritt: Schon antike Lernspezialisten wie Quintilian oder Cicero empfahlen docendo discimus, das Lernen durch Lehren: Richtig verstanden hat man etwas nur, wenn man es jemandem erklären kann.

Strukturen – Spickzettel, Mindmaps, Matrix & Co

Matrix – Struktur pur

Die Vorteile der Matrix lassen sich gut am Beispiel des Einstein-Rätsels demonstrieren. Einstein behauptete, dass nur zwei Prozent aller Menschen sein Rätsel lösen können. Mit der Lösungsmatrix auf der nächsten Seite schafft es fast jeder, der sich dafür etwas Zeit nimmt.

Gesucht ist: Wem gehört der Fisch?

Gegeben ist: Es stehen fünf Häuser nebeneinander. Jedes hat eine andere Farbe. Jedes Haus wird von einem Mann aus einem anderen Land bewohnt. Kleine Abweichung von Einsteins Fassung: Jeder von ihnen mag ein anderes alkoholfreies Getränk, hält ein anderes Tier und bevorzugt andere Fortbewegungsmittel. Außerdem ist bekannt:

Der Zugfahrer hat einen Nachbarn, der gerne Wasser trinkt.
Das grüne Haus steht links vom weißen Haus.
Der Inline-Skater trinkt gerne Saft.
Der Mann im mittleren Haus trinkt Milch.
Der Liechtensteiner lebt im roten Haus.
Der Pferdehalter wohnt neben dem Autofahrer.
Der Besitzer des grünen Hauses mag Kaffee.
Der Österreicher wohnt neben dem blauen Haus.
Der Zugfahrer wohnt neben dem Katzenhalter.
Der Schweizer trinkt am liebsten Tee.
Der Luxemburger hat einen Hund.
Der Deutsche fährt Roller.
Der Fahrradfahrer hat einen Vogel.
Der Besitzer des gelben Hauses fährt Zug.
Der Österreicher wohnt im ersten Haus.

Hausfarbe					
Nation					
Getränk					
Fortbeweg.					
Haustier					

Kopiere die folgenden Kärtchen, schneide sie aus und verschiebe sie in der oben abgebildeten Matrix so lange, bis alles passt.

Weißes Haus	Gelbes Haus	Grünes Haus	Blaues Haus	Rotes Haus
Österreich	Deutschland	Schweiz	Liechtenstein	Luxemburg
Milch	Tee	Kaffee	Saft	Wasser
Inliner	Auto	Fahrrad	Roller	Zug
Katze	Pferd	Vogel	Fisch	Hund

Matrix – Kompakte Struktur für umfangreiche Lernstoffe

Mit einer Matrix werden große Stoffgebiete oder Prüfungsstoffe zusammengefasst und strukturiert. Beispiel: Englisch-Grammatik für die 5. und 6. Klasse. Jede neue Zeitform wird zum Lernplakat verarbeitet und mit den vorhandenen Zeiten verklebt. Die erste Spalte erfasst die Zeitform, die zweite die Regeln, die 3. Spalte enthält Beispielsätze und die vierte berücksichtigt Ausnahmen und Signalwörter für die Wahl der richtigen Zeitform. Das System kann auf alle Fächer und auch sehr gut auf Prüfungen mit großen Mengen an Lernstoff übertragen werden.

Zeit	Regeln	Beispielsätze	Ausnahmen/ Signalwörter
Present Progressive	Für andauernde Handlungen mit Formen von to be plus -ing	Father is cleaning his car. We aren't doing our homeworks.	come - coming lie - lying sit - sitting
Simple Present	Form wie Infinitiv bis auf 3. Person Singular: plus -s	I like ice cream. We like Tom. He likes Tennis.	catch - catches fly - flies go – goes don't – doesn't
Will Future	Will plus Infinitiv	Soon I'll be 13. I hope it won't rain.	Signalwörter: to hope, to think, to be sure
Going to Future	Bei geplanten künftigen Handlungen: to be plus going to	I'm going to have a party. I'm not going to invite her	Verneinungen werden mit not ... gebildet
Present Perfect	Bei bestehenden Ergebnissen früherer Handlungen	I have just read that book.	Signalwörter: yet, ever, never, just, already, not...yet

Mindmaps – Gedächtnis-Landkarten für das Gehirn

Thema: Es steht in der Mitte, bildet also eine Art ‚Baumstamm'. Schlüssel- oder Topbegriffe bilden die ‚Äste', die ‚Zweige' bestehen aus weiteren Informationen, die kleiner geschrieben werden.

Bilder und Symbole: Bilder sind merkwürdiger als Worte. Symbole und Superzeichen deuten Bezüge und Zusammenhänge an.

Form: DIN A4 quer ohne Linien oder Kästchen.

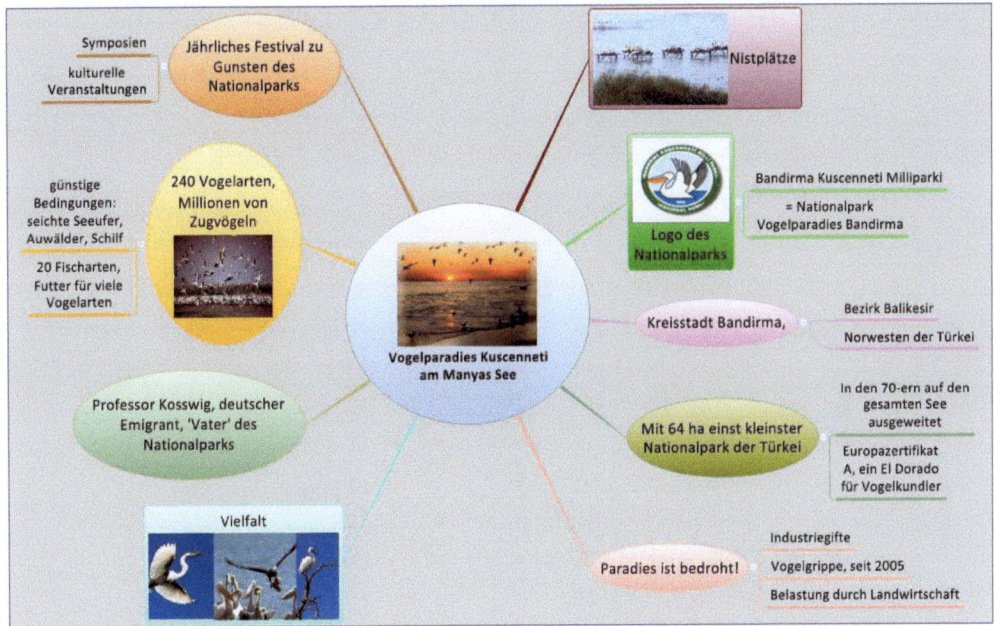

Beispiele: Vogelparadies (oben), Das kann mein Duden (unten):

Spickzettel – Das Wichtigste von der Hand in den Kopf

Man fasst den Stoff knapp und mit eigenen Worten auf einem DIN A 6-Spickzettel zusammen. Gute Spickzettel werden in der Prüfung nicht benötigt, machen sich also überflüssig. Inhalte und Struktur eines Spickzettels zwängen sich mühelos durch den Flaschenhals des Arbeitsspeichers. Wieder trainiert man, Wichtiges von Unwichtigem zu unterscheiden. So hat eine Schülerin drei Seiten mit Abbildungen aus dem Geographie-Buch der 7. Klasse verdichtet:

Drei Klima-Begriffe	Fünf Klimazonen (5 Farben in Abb.)	Vier Ursachen dafür
Wetter: Zusammenspiel der Wetterelemente zu einer bestimmten Zeit an einem bestimmten Ort	Polarklima (dunkelbraun): lange strenge Winter, kalte Ostwinde; Nordeuropa	Geographische Breite: nördlich und südlich des Äquators
	Landklima (braun): heiße Sommer, kalte Winter, wenig Regen; Osteuropa	
Witterung: Wetterablauf über mehrere Tage hinweg	Meeresklima (blau): Kühle Sommer, milde Winter, regelmäßig Regen; nördlich der Mittelgebirge	Meeresnähe: je näher, desto ausgeglichener die Temperatur
	Übergangsklima (grün): zwischen Meeres- und Landklima; Mittelgebirge	Meeresströmungen: Beispiel Golfstrom, unsere Warmwasserheizung
Klima: Durchschnittliches Wetter an einem bestimmten Ort, 30 Jahre lang beobachtet	Subtropisches Mittelmeerklima (orange): trockene, heiße Sommer, Winter mild und feucht; südlich der Alpen und Pyrenäen	Gebirgsverlauf: Beispiel Alpen - die ‚Mauer' gegen südliche Warmluft

Markieren – Sechs Top-Tipps von Tyto

Tipp 1
Neben Markern, einem Bleistift und farbigem Fineliner sollte auch ein Lineal bereitliegen. Als beste Markierungsfarbe gilt Gelb.

Tipp 2
Wende die Formel 10 an! Man sollte also möglichst alle Texte auf die wichtigsten zehn Prozent reduzieren. Auch das lehrt uns zu unterscheiden, was wichtig und was belanglos ist.

Tipp 3
Markiere Schlüsselbegriffe gelb, Zusatzinformationen mit anderen Farben!

Tipp 4
Die GTS-Methode bietet klare Strukturen: Die wichtigsten Grundnotizen aus dem Text werden als Topbegriffe an den Rand geschrieben. Ein Sammelfeld fasst das Wichtigste zusammen.

Tipp 5
Wegen eventueller Korrekturen unterstreicht man beim ersten Lesen zunächst nur mit Bleistift.

Tipp 6
Superzeichen machen Zusammenhänge super-deutlich:

Smileys ☺ = verstanden
Fragezeichen ? = ist noch zu klären
Ausrufezeichen ! = sehr wichtig
Pfeile ⇒ ⇐ = Bezüge, Hinweise und Zusammenhänge

Zahlenschienen im Fach Geschichte

Jahreszahlen sind zwar im Geschichte-Unterricht nicht mehr so wichtig, Zahlenschienen fördern aber die Orientierung im Zahlenraum der Geschichte. Ein Beispiel:

Das Kaisertum im Mittelalter

751	800	843	um 900	955	963
Pippin III. wird fränkischer König	Karl der Große wird zum Kaiser des Abendlandes gekrönt	Ludwig der Fromme teilt das Reich: Mittel-, West- und Ostfränkisches Reich	Zwei neue Reiche: Ost- und Westfränkisches Reich	König Otto I. besiegt die Ungarn	Otto I. wird Kaiser

Das Wichtigste über das Strukturieren

Ohne äußere Strukturen können innere Strukturen vom eben Wahrgenommenen gar nicht erst entstehen. Deshalb ist beim Lernen die Bildung von Ordnungen, Kategorien und Strukturen so wichtig. Der begrenzte Arbeitsspeicher von nur 7 bis 10 Speichereinheiten zwingt uns zum Zusammenfassen, Verdichten und Erkennen von Zusammenhängen und Schlüsselbegriffen.

Die Fünf-Schritt-Lesetechnik fördert das Leseverständnis vor allem durch die Schritte zwei (Unbekanntes klären), vier (Strukturen) und fünf (Lernen durch Lehren).

Auch beim Lernen müssen appetitliche, aber auch gut verdauliche Portionen gebildet werden. Beim Vokabellernen hilft der Vokabel-Zehner. Der Gedächtnisspannen-Test zeigt, welche Portionsgrößen individuell die richtigen sind.

Die Fünf-Schritt-Aufgabentechnik verhindert schlampige Lösungen und vorschnelle Schlüsse. Falls Bilder im Kopf nicht ausreichen, hilft eine Lösungsskizze weiter.

Wichtige Strukturtechniken sind Spickzettel und Mindmaps, handgemacht oder mit Mindmapping-Software entworfen. Sie sind ideal für die Vorbereitung von Prüfungen, die Zusammenfassung großer Stoffmengen und das Erstellen von Referaten und Präsentationen. Schon Fünftklässer arbeiten damit kreativ, z. B. mit dem in der Basisversion kostenlosen Download von XMind.

Die GTS-Methode ist eine Strukturierungstechnik, die Übersicht verschafft und deshalb auch in Lehrbüchern verwendet wird. Sie hilft uns, den Lernstoff zusammenzufassen, zu verdichten und zu entscheiden, was wirklich wichtig ist.

Die Matrix eignet sich für die Lösung von Rätseln mit vielen Unbekannten. Auch bei Zeitformen und großen Stoffmengen sorgt die Matrix für Struktur und Übersicht.

Beim Lernen gibt es nichts Wichtigeres als zu erkennen, was wirklich wichtig ist. Man nennt das Priorisieren.

Es lohnt sich, mit der Formel Zehn und fünf weiteren Markierungsregeln zu arbeiten. Superzeichen sind super geeignet, um jeweils das Wichtigste hervorzuheben, Bezüge zu entdecken und Zusammenhänge herzustellen.

Übung – Macht definitiv den Meister
Die Funktion stärkt das Gehirn, das Gehirn verbessert die Funktion ...

Dieser virtuose Kreis wird aktuell Neuroplastizität genannt. Der Spruch ‚Übung macht den Meister' drückt seit jeher dasselbe aus.

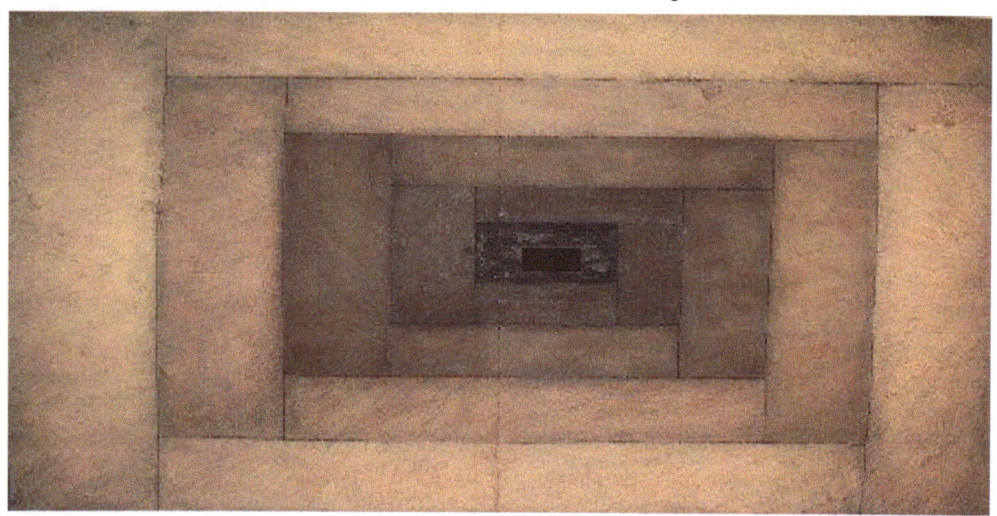

Neuroplastizität durch Übung

Bedeutsame und gefühlsmäßig gefärbte Lernreize kommen, wie schon erwähnt, ganz einfach ins (episodische) Langzeitgedächtnis. Schulische Lernstoffe brauchen dagegen für den Weg in den Tiefenspeicher (Schieferbild oben) Übung, Wiederholungen und Vertiefung. Als Neuroplastizität bezeichnet man Anpassungen im Gehirn, die vor allem durch Übung entstehen: stärkere Neuronenvernetzungen (Bild unten) und damit auch schnellere Nervenleitbahnen. Lern-

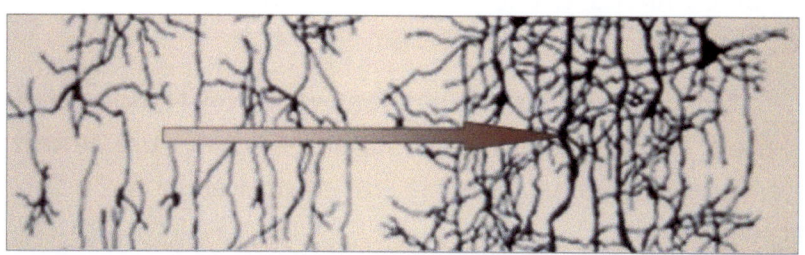

erfahrungen durch jede Art von Übung waren schon für den Philosophen Aristoteles von größter Bedeutung:

Erfahrung ist der Anfang aller Kunst und jedes Wissens.

Wieder gilt das Matthäus-Prinzip: *Wer hat, dem wird gegeben.* Regelmäßiges Üben macht überall – in der Musik, im Sport, beim Lernen – den Meister und erspart im letzten Fall viel Zeit, weil Grundwissen nicht immer wieder neu gelernt werden muss.

Bild: Tyto übt vorbildlich, wie sein Idol Karate Kid.

Vorkenntnislücken und Übungsdefizite sind dagegen Hauptursachen für Schulprobleme. Wer nicht wiederholt, wiederholt bald die Klasse. Im folgenden Fragebogen geht es um den Einsatz sinnvoller Wiederholungs- und Übungstechniken. Im Durchschnitt werden nur knapp 11 dieser Strategien genutzt. Ihr Kind hat _____ mal Ja angekreuzt:

Fragebogen zum Üben, Vertiefen und Wiederholen

1. Wiederholst du Vokabeln in regelmäßigen und geplanten Abständen? Ja Nein
2. Benutzt du zu diesem Zweck eine Lernkartei? Ja Nein
3. Arbeitest du im Unterricht gut mit? Ja Nein
4. Kannst du dich mithilfe deiner Hefteinträge gut auf Prüfungen vorbereiten? Ja Nein
5. Machst du die Hausaufgaben gleich am ersten Tag? Ja Nein
6. Hast du schon mal Fehlerstrichlisten ausprobiert? Ja Nein
7. Legst du während der Hausaufgaben geplante Lernpausen ein? Ja Nein
8. Kannst du in Prüfungen noch alle Vokabeln? Ja Nein
9. Fallen dir in den Fremdsprachen die Signalwörter zu den Zeiten ein? Ja Nein
10. Hast du wichtige Merksätze, Regeln und Formeln immer im Kopf? Ja Nein
11. Machst du die Hausaufgaben ohne Hilfe der Eltern? Ja Nein
12. Verwendest du auch Online-Lernhilfen oder Lernsoftware? Ja Nein
13. Kennst du das System des Lernstoff-Wechsels? Ja Nein
14. Kommst du ohne regelmäßige Nachhilfe aus? Ja Nein
15. Arbeitest du für Recherchen öfter mit Lexika, Wörterbüchern und Internet? Ja Nein
16. Fragst du nach, wenn du etwas nicht verstanden hast? Ja Nein
17. Nutzt du die Intensivierungs- und Förderangebote an deiner Schule? Ja Nein
18. Arbeitest du mit einem Wochenplan, also festen und besten Lernzeiten? Ja Nein
19. Beginnst du bei den Hausaufgaben immer mit etwas Leichtem? Ja Nein
20. Weißt du vor den Prüfungen, was vorzubereiten ist? Ja Nein

Üben in der Schule und für die Schule

Hausaufgaben – Ein Fünf-Punkte-Plan

In Fächern mit aufeinander aufbauenden Inhalten wie in Mathematik und in den Fremdsprachen sichern Hausaufgaben den langfristigen Lernerfolg. Der Fünf-Punkte-Hausaufgabenplan trägt dazu bei:

Tu' es gleich!
Man sollte lieber heute besorgen, was morgen vergessen ist. Die Vergessenskurve auf Seite 56 hat einen unerbittlichen Verlauf.

Tu' es selbst!
Selbstständigkeit heißt: Erledige die Hausaufgaben, wo immer es geht, selbst und ständig! Erst wenn man nicht mehr weiterkommt, ist Hilfe sinnvoll. Papas Lösungsweg ist aber nicht immer der beste.

Beginne mit etwas Leichtem!
Für Aristoteles war der Anfang die Hälfte vom Ganzen. Plane deshalb leichte oder angenehme Einstiege. Das Gehirn braucht eine Aufwärmphase, zum Beispiel mit Entspannungsübungen (Seiten 67-69).

Gib Lernhemmungen keine Chance!
Das Gehirn liebt Pausen und Abwechslung, sonst bringt es das Gelernte durcheinander, ermüdet zu schnell und weiß nicht mehr, was es speichern soll. Pausenregeln, SMS- und Lernstoff-Wechsel verhindern Lernhemmungen: Die gelernten Dinge überlagern und löschen sich dabei gegenseitig. Am Pinnbrett könnte man die Wichtigkeit der Aufgaben mit Sternen bewerten: *** = besonders wichtig (Prüfung steht an), ** = wichtig (Grundwissen), * = nicht so wichtig.

Lasse dir helfen ... selbständiger zu werden!
Die Eltern helfen, Ablenkungen zu vermeiden oder beim Erstellen eines Wochenplans mit festen und den besten Hausaufgabenzeiten. Ansonsten gilt das Motto Maria Montessoris: Hilf mir, es selbst zu tun! Bei Lernproblemen fördert ein Lernvertrag die Selbständigkeit. Er hat schon vielen geholfen, die Schule zur eigenen Sache machen.

Mitarbeit – Für gute Noten und gegen Langeweile

Mitarbeit führt zu besseren Noten und weniger Langeweile. Sie spart auch Zeit, weil daheim dann weniger zu tun ist. Mündliche Noten machen die Hälfte oder ein Drittel der Gesamtnoten aus. Auch deshalb sollte man sich an diesen Fünf-Punkte-Mitarbeitsplan halten:

Einstimmung – Denke positiv!
Mitarbeit hängt sehr von einer positiven Einstellung zum jeweiligen Fach und/oder Lehrer ab. Bei Schwierigkeiten helfen die Übungen Interessenanknüpfung (Seite 102) und Umformulieren von negativen in positive Gedanken (Seite 64).

Roter Faden – Denke aktiv mit!
Achte immer auf den roten Faden, der sich durch die Stunden zieht. Deshalb ist aktives Mitdenken so wichtig. Was du in der Schule mitbekommst, brauchst du daheim nicht mehr zu lernen. Mitarbeit führt zu mehr Freizeit, besseren Noten und zu Unterrichtszeit, die schneller vergeht.

Fragen – Wer nicht fragt, bleibt dumm
Alle kennen die Sesamstraßen-Hymne: Wer, wie, was, wieso, weshalb, warum – wer nicht fragt, bleibt dumm. Fragen erweitern die Grenzen des Wissens und der Phantasie. Mit guten Fragen zeigt man Interesse am Fach.

Hervorhebungen – Lasse dir nichts (Wichtiges) entgehen!
Wir alle kommunizieren auch mit Körpersprache, also mit Mimik und Gestik. Wenn Lehrer Ihren Worten und Erklärungen damit besondere Bedeutung verleihen, könnte eine Klassenarbeit anstehen.

Zuhören – Eine aussterbende Kunst
Wir haben zwei Ohren aber nur einen Mund, damit wir mehr zuhören als selber reden. Arabische Weisheit
Aktive Zuhörer hören im Unterricht besser heraus, was wirklich wichtig ist.

Heftführung – Eine persönliche Visitenkarte

Hefteinträge sind die ersten Wiederholungen schulischer Lernstoffe. Dabei kommt es zu multimodalem Lernen: Schreiben, zeichnen, lesen, leises Mitsprechen usw. Hefteinträge sind auch eine wichtige Grundlage für Prüfungsvorbereitungen. Der Heftführungs-Knigge:

> Fertige übersichtliche Skizzen und saubere Zeichnungen!
> Schreibe nicht zu groß und nicht zu klein!
> Rücke Abschnitte ein, setze Aufzählungen ab!
> Vergiss das Datum nicht, halte Zeilen, Kästchen und Rand ein!
> Markiere Wichtiges farbig!
> Flecken, Kleckse und Eselsohren sind eine schlechte Visitenkarte.

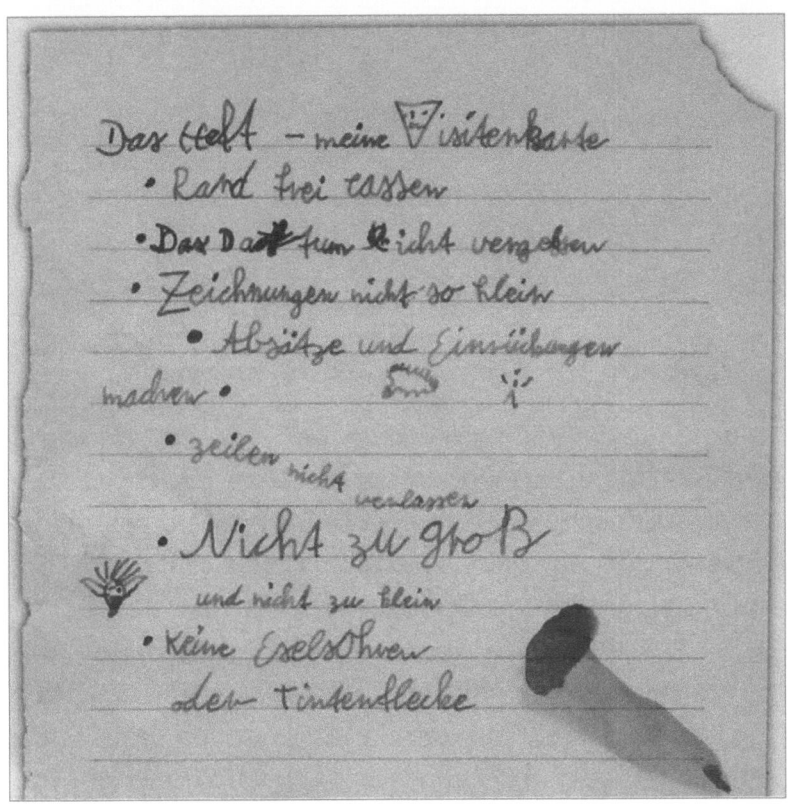

Fehlerstrichlisten – Learning by Error

Lehrer verwenden viel Zeit für Korrekturen. Schüler können davon profitieren, wenn sie damit die nächste Prüfung sinnvoll vorbereiten: Was muss ich künftig besser vorbereiten und was kann ich schon so gut, dass ich es nicht noch mal lernen muss? Die Antwort auf diese Fragen geben Fehlerstrichlisten. Verbessern kann man nur Fehler, die man auch kennt. Beispiel einer Fehlerstrichliste Englisch: Die dunklen Bereiche der Zeilen 1 bis 3 und 7 geben Hinweise auf Wissenslücken. Wie sie zu schließen sind, steht in der dritten Spalte. Die Zeilen 4 bis 6 signalisieren keinen Übungsbedarf:

Fehlerquellen	Fehler	Urteil/Verbesserungsvorschläge
1. Vokabeln	6 Fehler	zu viele! ⟶ Lernkartei einsetzen
2. Unreg. Verben	4 Fehler	unnötig! ⟶ Nachlernen/Lernplakat
3. Zeitformen	7 Fehler	nicht kapiert! ⟶ Lernmatrix
4. Hilfsverben	1 Fehler	Leichtsinnsfehler, kein Problem
5. Passiv	0 Fehler	gut vorbereitet
6. If-Sätze	0 Fehler	kapiert, alles im grünen Bereich
7. Indirekte Rede	3 Fehler	unsicher! ⟶ Workbook-Übungen

Lernkartei – Mit Garantie für die Langzeitspeicherung

Die Lernkartei bietet die wirksamste Kontrolle über das, was wir schon können und über das, was unbedingt noch zu lernen ist. Damit arbeiten schon Grundschüler, aber auch Studenten, vor allem Juristen. Besser als fertige Karteien sind selbst gefertigte, mit Bildern oder Zeichnungen versehene Lernkärtchen. Schon das Zeichnen und Schreiben hinterlässt tiefe Spuren im Gedächtnis. DIN A 8-Kärtchen werden vorne deutsch, hinten fremdsprachlich beschrieben. Noch nicht sicher beherrschte Vokabeln kommen ins erste Fach. Alle erinnerten Wörter wandern in Fach zwei, nach erfolgreicher Wie-

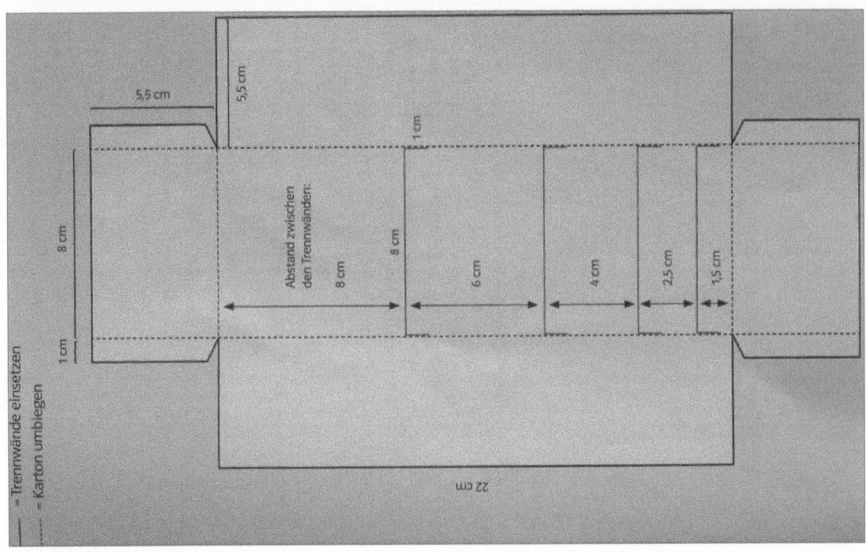

Wiederholung ins dritte Fach, dann ins vierte und schließlich ins fünfte Fach. Ist auch die fünfte Wiederholung richtig, sind die Vokabeln im Langzeitgedächtnis angekommen. Bei Misserfolgen auf dem Weg von Fach 2 bis 5 muss das Kärtchen zurück ins erste Fach. Lernkarteien sind auch als Wortschatz-Kiste oder für Merksätze und Formeln bestens geeignet. Die Vorteile der Lernkartei in Kürze:
Man sieht, was man kann und was noch geübt werden muss.
Kärtchen, die die Kartei verlassen, sind kleine Erfolgserlebnisse.
Wiederholungs-Rhythmen sind gut planbar.
Die Lernkartei nimmt Rücksicht auf das eigene Lerntempo.
Das Üben mit der Lernkartei ist ein guter Lerneinstieg.
Sie verhindert und schließt Wissenslücken.
Sie spart Zeit. Mehrfach- und Nachlernen erübrigen sich.

Wiederholungsrhythmen für die Langzeitspeicherung

Die fünf Wiederholungen, die in der Lernkartei für das Abspeichern ins Langzeitgedächtnis nötig sind, müssen in einem Rhythmus mit länger werdenden Pausen erfolgen. Es tut zwar gut, Unangenehmes

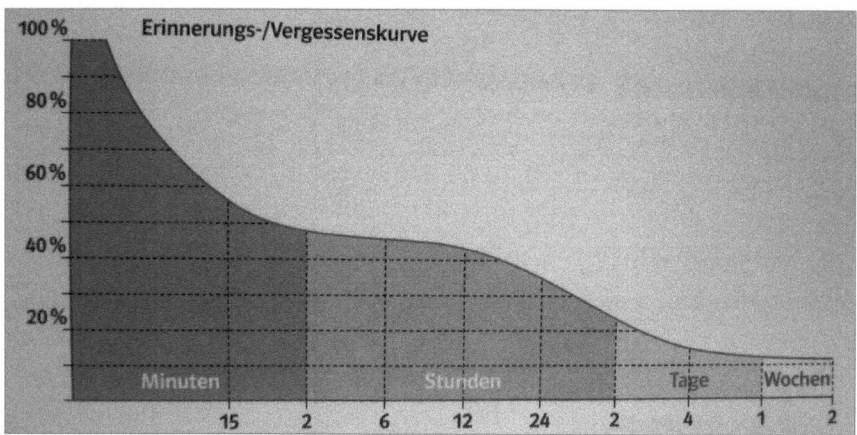

und Unwichtiges zu vergessen, für die Speicherung wichtiger Lernstoffe wird diese Vergessenskurve aber zum Problem: Wer nicht regelmäßig wiederholt, hat schon nach 15 Minuten 40 % und nach vier Tagen sogar 85 % des Gelernten vergessen. Daraus ergibt sich eine Rhythmus-Empfehlung für Wiederholungen beim Lernen:

1. *Wiederholung* frühestens nach 15 Minuten. Leiere den Lernstoff keinesfalls mehrfach herunter! Er muss sich setzen können, so wie Kaffeesatz.
2. *Wiederholung* nach einigen Stunden, z.B. vor dem Schlafengehen. Nachts wird wiederholt und reorganisiert, das Gelernte also in bekannte Schubladen eingeordnet.
3. *Wiederholung* am nächsten Morgen im Unterricht.
4. *Wiederholung* nach einigen Tagen, z.B. am Samstagmorgen. Diesen festen Termin sollte man im Wochenplan vormerken.
5. *Wiederholung* nach einigen Wochen, zum Beispiel im Rahmen von Prüfungsvorbereitungen.

Weitere Hilfen beim Üben und Wiederholen

Sehr praxisnahe Übungen finden Sie in den Lernhilfen des Verlags Bauer, Thalhofen: ‚Gymnasium 5, 6,7, 8' und ‚Realschule 5,6,7,8'.

Das Wichtigste über das Vertiefen

Jede Art von Lernen strukturiert und formt unser Gehirn wie Plastilin – Neuroplastizität. Intelligenz kann mangelnde Übung nicht ausgleichen, Übung kann Begabungsmängel weitgehend kompensieren.

Kinder scheitern in der Schule am häufigsten wegen Vorkenntnislücken, die durch einen Mangel an Übung verursacht werden. Die Bedeutung von Übung nimmt mit dem Lernalter immer mehr zu.

Fünf Regeln für die Wiederholungstechnik Hausaufgaben: Tue es gleich, tue es selbst, beginne mit Leichtem, vermeide Lernhemmungen und lasse dir von den Eltern sinnvoll helfen.

Übung macht den Meister. Der Matthäus-Effekt steht dafür, dass Lernerfahrungen das notwendige Gerüst für den Ausbau weiterer Fähigkeiten sind.

Der Weg des Gelernten in den Tiefenspeicher führt nur über das Üben. Es erspart Mehrfach- und Nachlernen und damit Zeit.

Mitarbeit hilft gegen Langeweile und ist gut für die Noten und das Freizeitbudget. Daheim ist dann weniger zu lernen.

Fehlerstrichlisten sind optimale Entscheidungshilfen für Prüfungsvorbereitungen: Was kann ich schon, was ist noch zu üben? Wie? Das steht in der Feedback-Spalte.

Ein Fragebogen mit 20 Aspekten des Vertiefens zeigt Ihnen, wie Ihr Kind professioneller üben kann.

Die Lernkartei ist eine Lernmaschine mit Garantie für den Zugang des Gelernten in den Tiefenspeicher Langzeitgedächtnis.

Zum Lernen mit der Kartei gehören auch passende Wiederholungs-Intervalle. Fünf Wiederholungen im richtigen Rhythmus befördern das Gelernte zuverlässig ins Langzeitgedächtnis.

Achten Sie auf zuverlässige und saubere Heftführung!

Emotionen – Lernturbo, aber auch Motivationskiller
The Brain runs on Emotions – Gefühle fördern das Lernen

Emotionen steuern das Lernen

Emotionen sind wichtige Modulatoren für unser Lernen. Unangenehme Gefühle wie Stress und Ängste, aber auch negative Einstellungen können zu Motivationskillern werden, weil sie das Denken und das Gedächtnis blockieren, unkonzentriert machen, Kraft, Vitamine, Vitalstoffe und sogar den Schlaf rauben und die für das Lernen nötigen Glücksbotenstoffe unterdrücken.

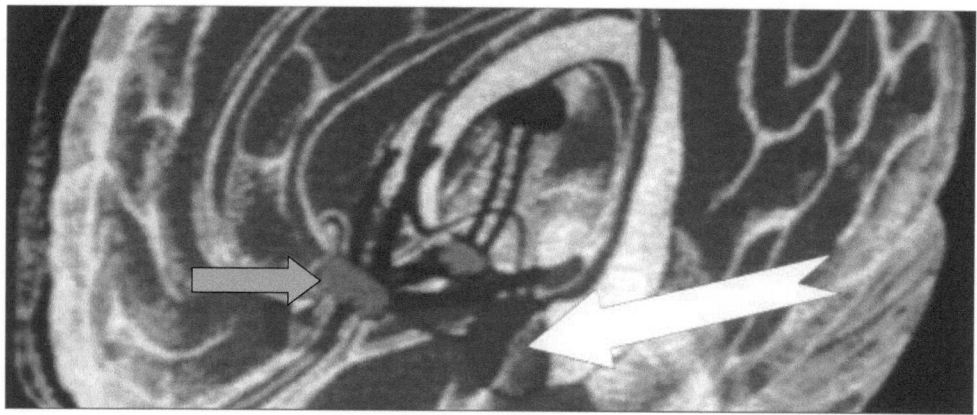

Die Amygdala, wegen ihres Aussehens auch Mandelkern genannt, ist die Zentrale für die Verarbeitung negativer Gefühle (weißer Pfeil). Ohne sie würden wir aus schlechten Erfahrungen nichts lernen, also zum Beispiel immer wieder heiße Herdplatten berühren. Beim Erinnern von negativ besetzten Lernvorgängen leben sogar die einst empfundenen Emotionen wieder auf. So unangenehm diese Gefühle auch sein mögen, so nachhaltig werden sie im episodischen Gedächtnis verankert. Denken Sie an den 11.09.2001: Die Ereignisse sind unauslöschlich gespeichert. Aber auch positives Lernen wirkt wie ein Lernturbo. Davon war schon Comenius (1592-1670) überzeugt: Alles, was positive Gefühle weckt, unterstützt das Lernen und das Gedächtnis. *The Brain runs on Fun,* und zwar in diesen Gehirnarealen:

Das limbische System gilt als emotionales Erfahrungsgedächtnis. Es liebt schönes Lernambiente, den Umgang mit interessanten Menschen und anregendes ‚Gehirnfutter', egal welcher Art.

Der Nukleus accumbens im Striatum (grauer Pfeil) belohnt Erfolgserlebnisse mit der Ausschüttung von Glücks-Botenstoffen. So können wir richtig süchtig werden nach spannenden Büchern, Rätseln, guten Gesprächen und Erfolgserlebnissen. Dazu passt Spitzers bekannter Satz: *Das Gehirn kann nichts anderes, tut nichts lieber und das ständig und ein Leben lang: lernen.*

Der Hippocampus (heller Bogen) ist die Schlüsselregion für das Lernen und für kreatives Problemlösen. Beides funktioniert am besten, wenn man gefühlsmäßig positiv gestimmt ist.

Motivationskiller – Ein gefährliches Sextett

Problematische Einstellungen im Umfeld

Fall: *Herr K ist enttäuscht und ratlos, weil sein Sohn Jan trotz guter Noten in der Grundschule nun in der 5. Klasse am Gymnasium ‚versagt'. Die Lehrer halten Jan für begabt, aber unmotiviert. In einem Fragebogen zur Schulunlust kreuzt Jan unter anderem an:*
- *Alles was ich in der Schule lerne, kann ich im späteren Leben nicht brauchen.*
- *In der Schule gibt es kein interessantes Fach.*
- *Schule ist langweilig.*

Jans Schulunlust ist offensichtlich sehr früh und stark ausgeprägt. In diesem Fall kein Wunder. Herr K, ein guter Bekannter, vermittelt seinen Kindern eine extrem negative Sicht von Schule. Alle Phrasen aus dem oben zitierten Fragebogen hört Jan auch von seinem Vater. Lehrer und Schule werden sehr negativ dargestellt. Herr K unterschätzt offensichtlich seine Rolle als Modell: Kinder übernehmen bis zur Pubertät die Werturteile ihrer Eltern. Lehrer müssen ja nicht – so wie in Finnland – als *Kerzen des Volkes* verehrt werden, etwas mehr Anerkennung für diesen schwierigen Beruf würde sich aber bestimmt günstig auf Motivation und Einstellungen der Kinder auswirken.

Erwartungsdruck – Oft unbewusst ausgeübt

Fall: *Frau G glaubt, dass Ihre Tochter Anna Prüfungsängste habe. Symptome: Leistungsabfall, Schlafstörungen und Appetitmangel. Die Ängste seien aber keinesfalls mit hohen Erwartungen in der Familie zu erklären. Daheim sei alles in Ordnung.*

Erfahrungsgemäß ist die Erwartungshaltung der Eltern eine Ursache für Angst und Stress von Kindern. Annas Eltern waren sehr stolz auf die Leistungen ihres Kindes an der Grundschule. Mit ersten Misserfolgen am Gymnasium musste Anna darum fürchten. Auch daheim war *nicht* alles in Ordnung. Seit einiger Zeit kriselt es in der Ehe der Gs, was für Anna zusätzlichen Stress bedeutet.

Übertriebener Medienkonsum

Eine für Eltern gut kontrollierbare Stressbelastung ist der Medienkonsum. Durchschnittlich nutzen 14-Jährige 3,5 Stunden den Fernseher, drei Stunden den Computer und etwa zwei Stunden das Handy. Diese Dosis wirkt nachweislich als Stress und raubt die Zeit für Sport, Musik, reale Freunde und Lernen. Bildschirmmedien und Online-Dauerfeuer sind keine Entspannung. EEG- und Pulsfrequenzmessungen bestätigen die Stressbelastung. Setzen Sie Nutzungsgrenzen fest, solange Ihr Einfluss noch groß genug ist.

Freizeit-Stress – Entlastungen planen

Eltern sind auch gefordert, wenn es um die Vermeidung einer Überdosis an verpflichtenden Freizeit-Aktivitäten geht. Beim Erstellen von Wochenplänen im Lernmethodik-Unterricht fällt auf, dass viele Kinder die Fixtermine für Instrumentalunterricht, Nachhilfe, Sport, Ballett, Feuerwehr usw. nicht in den Griff bekommen. Auch wenn diese Aktivitäten sehr sinnvoll sind, darf Ihr Kind davon nicht überfordert werden. Setzen Sie Prioritäten, sonst wird der Leistungs- und Zeitdruck als negativer Stress, also Dis-Stress, empfunden.

Über- und auch Unterforderung

Die gesunde Entwicklung Ihres Kindes hängt auch von der Wahl der richtigen Schulart ab. Durch ständige Überforderung entsteht Stress. Das macht hilflos, erst psychisch und dann physisch krank.

Aber auch Unterforderung schadet dem Kind. Sie führt zu Meidungsverhalten und Demotivation. Besser sind Bewältigungs-Erlebnisse, die dem Kind das Gefühl geben, auch alle künftigen Probleme lösen zu können.

Selektive Wahrnehmungen

Einstellungen können gefährlich werden. Das zeigt sich am Beispiel von ‚Self-fulfilling Prohecies'. Beispiel: *Mathe begreife ich nie!* Einmal so dahingesagt, ist das kein Problem. Viele Wiederholungen sind aber schädlich für das Selbstbild. Wer sich ständig schlecht redet, braucht sich nicht zu wundern, wenn die Erwartungen irgendwann auch eintreffen. Durch selektive Wahrnehmung wird das noch verstärkt: Man nimmt nur wahr, was man wahrnehmen will. Machen Sie Ihr Kind stark – mit Liebe, Erfolgserlebnissen und Argumenten gegen Sprüche, die den Selbstwert gefährden.

Schulängste – Ein Angstfragbogen

‚Normale' Prüfungsangst steigert die Leistung, zu viel davon verringert sie. Der folgende Fragebogen zeigt Ihnen, ob und wie stark die Ängste Ihres Kindes im Moment ausgeprägt sind. Sind die Ängste im Normbereich oder müssen sie wegen Blackoutgefahr abgebaut werden?

15 Fragen zu Prüfungsängsten:

1. In Probearbeiten bringe ich bessere Leistungen als in der Schule. Ja Nein
2. Ich bin davon überzeugt, dass ich bessere Noten hätte, wenn ich nicht so aufgeregt wäre. Ja Nein
3. Wenn der Lehrer im Notenbuch blättert, habe ich Angst, dass er ausgerechnet mich aufruft. Ja Nein
4. Vor Klassenarbeiten ist mir beim Frühstück immer so flau im Magen. Ja Nein
5. Wenn ich aufgerufen werde, glaube ich, alles vergessen zu haben, was ich gelernt habe. Ja Nein
6. Wenn die anderen über die Probeaufgaben reden, kommt es mir vor, als ob ich nichts mehr wüsste. Ja Nein
7. Wenn die Aufgabenblätter verteilt werden, fühle ich mich gar nicht gut. Ja Nein
8. Vor Prüfungen schlafe ich sehr schlecht ein. Ja Nein
9. Während der Klassenarbeiten denke ich, dass ich meine Eltern wieder enttäuschen werde. Ja Nein
10. Manchmal fällt mir während der Klassenarbeit nichts mehr ein. Ja Nein
11. Häufig bin ich so aufgeregt, dass ich alles durcheinander bringe. Ja Nein
12. Oft denke ich, dass ich wieder alles falsch machen werde. Ja Nein
13. Während der Klassenarbeit denke ich, Englisch, Mathematik, Deutsch usw. begreife ich nie. Ja Nein
14. Kurz vor der Klassenarbeit glaube ich, alles vergessen zu haben, was ich gelernt hatte. Ja Nein
15. Es stört mich, dass ich bei Abfragen so nervös bin. Ja Nein

Auswertung:

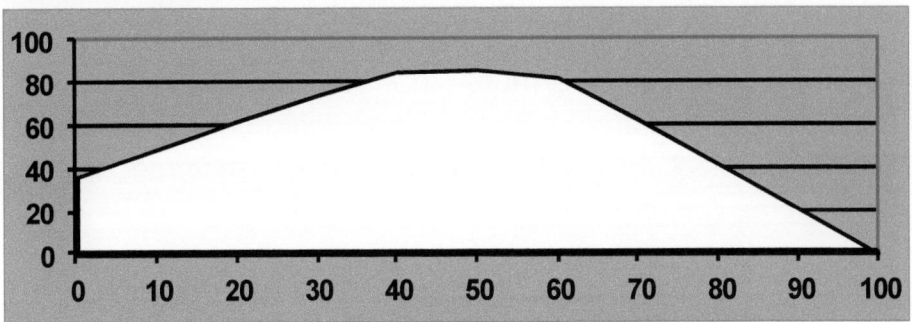

Bis zu acht Mal Ja: Mit 0-4mal Ja sind Prüfungsängste sehr gering, mit 5-8mal Ja normal ausgeprägt. Die besten Leistungen erzielt man bei mittleren Werten.

Neun bis zwölf Mal Ja: Die Prüfungsangst liegt über dem Durchschnitt. Dann wird das Gelernte nicht vollständig abgerufen und die Prüfungsleistungen werden schlechter.

13 bis 15 Mal Ja: Bei weit über dem Durchschnitt liegenden Werten besteht große Blackout-Gefahr. Professionelle Hilfe ist nötig.

Vorbeugung und Abbau von Angst und Stress

Gedankenstopp-Methode

Wenn Sie von Ihrem Kind kurz vor einer Prüfung Sprüche wie *‚Mathe begreife ich nie'* hören, dann ist es höchste Zeit für die Gedankenstopp-Methode: Dann schlägt man in Gedanken mit der Faust kräftig auf den Tisch und nimmt sich fest vor: *‚Stopp, so will ich nicht mehr denken!'* Teil dieses inneren Dialogs sind detaillierte Handlungspläne, die von der aufkommenden Angst ablenken:

> Beispiel 1: Zum Aufwärmen löse ich erst die leichte Einstiegsaufgabe, dann die Aufgabe, die ich am besten vorbereitet habe und danach die, für die es die meisten Punkte gibt. Ich verbeiße mich nicht in eine Aufgabe, sondern probiere die nächste aus und komme später, vielleicht mit der richtigen Lösungsidee, darauf zurück.

> Beispiel 2: Erst lese ich die Aufgaben konzentriert durch. Dann zeichne ich eine Lösungsskizze. Ich denke mir einen Lösungsweg aus, den ich ausprobiere. Vermute ich einen Fehler, überlege ich, was ich übersehen haben könnte. Finde ich den Fehler nicht, wechsle ich zur nächsten Aufgabe. Ich kann es schaffen, so wie die starke kleine Lokomotive: Yes, I can!

Erfolgstagebuch – Der Beckenbauer-Effekt

Tucholsky: *Nichts ist erfolgreicher als der Erfolg*.

Falls Erfolgserlebnisse ausbleiben, kann sich Ihr Kind – wie einst Franz Beckenbauer – mit einem Erfolgstagebuch ‚stark schreiben':

> *Gut an mir selbst finde ich:* An der Schule fühle ich mich wohl. Bei Problemen gebe ich nicht so schnell auf.
>
> *Meine Eltern mögen mich,* auch wenn die Noten mal schlecht sind. Darauf kann ich mich immer verlassen.
>
> *Meine Freunde finden es cool,* wie gut ich Volleyball spiele und wie ich mit der Gitarre hinterm Kopf Jimi Hendrix imitiere.
>
> *Lehrer, Trainer:* Mündlich hatte ich in Englisch zuletzt eine Zwei. Unser Tutorenchef findet meinen Umgang mit den Fünftklässern super. Mein Volleyballteam baut auf mich.

Das verstärkt das Gefühl, nicht nur wegen schulischer Leistungen geliebt zu werden. *Du sollst deinen Nächsten lieben wie dich selbst.* Um andere zu lieben, muss man also auch zu sich selbst stehen.

Umformulieren von Negativ- in Positivgedanken

Das Gehirn lernt besser mit positiven Gefühlen als mit negativen und lieber mit optimistischen Gedanken als mit pessimistischen. Auf Seite 65 sehen Sie Beispiele für Mathematik und das Vokabellernen. So formuliert man bei Lernunlust negative Gedanken in positive um:

Negative ➡		Positive Gedanken
Mathematik begreife ich nie	Stopp ➡	• Mathematik brauche ich für andere Fächer, für das Studium, im Leben ... • Kontrolle von Taschengeld, Handy- und anderen Rechnungen
Vokabellernen ist blöd	Stopp ➡	• Übersetzen von Songs meiner Lieblingsband • Englisch ist gut für Brieffreundschaften und Schüleraustausch • Wichtig für Studium, Beruf und Hobbys • Reisen, sich besser verständigen • Filme mit Originalton sehen und hören

Hilfen und Helfer gegen Angst und Stress

Entspannung und ihre Wirkungen

Entspannung beugt Stress vor und baut Ängste ab. Sie führt dem Gehirn Sauerstoff zu, stärkt das Immunsystem, beruhigt, fördert die Konzentration und ersetzt Stress- durch Glückshormone.

Bewegung & Musik = Tanz

Neurobiologen wiesen nach, dass das Gehirn sehr gut mit Musik, aber auch mit Sport entspannt. Das Tanzen ist die ideale Kombination aus Bewegung und Musik – also gleich doppelt entspannend.

Pausen – Das Gehirn ist auf sie angewiesen

Eine sehr angenehme Art der Entspannung ist die Arbeits- oder Lernpause. Pausen sind keine Zeitvergeudung, sondern notwendig. Sie gliedern den Arbeitsplan, sparen Zeit, verbessern die Leistung, wirken wie Belohnungen, verhindern Lernhemmungen und beugen Gehirnermüdung und Konzentrationsproblemen vor. Wenn ohne Pause gelernt wird, wissen die Gehirnzellen nicht mehr, was sie speichern sollen. Dann kommt es zu Lernhemmungen. Durch Pausen im richtigen Rhythmus kann sich der Lernstoff setzen, so wie Kaffeesatz. Die Ergebnisse einer Studie zu Leistungssteigerungen und Zeitersparnis von Pausen sprechen für sich:

In 30 Minuten Arbeitszeit ohne Pause wurden 37 Aufgaben gerechnet: 7 Fehler, also 30 richtig gelöste Aufgaben.

Mit einer 5-Minuten-Pause, also weniger Arbeitszeit, schafften die Schüler 40 Aufgaben, 5 Fehler, 35 richtige Lösungen (+17%).

Mit fünf 1-Minuten-Pausen rechneten die Schüler am besten: 42 Aufgaben, nur 4 Fehler, also 38 richtige Lösungen (+27%).

Fünf starke Pausen-Typen

Pausentyp I – die kurze Lernunterbrechung

Sie dauert 60-90 Sekunden und sollte nach gut zehn Minuten Lernzeit eingelegt werden. Man bleibt am Arbeitsplatz, atmet tief durch oder macht eine Entspannungsübung wie die ‚erwachende Katze': Gähnen, buckeln und strecken wie eine Katze, dabei tief atmen. Auch ein Blick ins Freie oder etwas zu trinken können schon entspannen.

Pausentyp II – die Mini-Pause

Nach 20 bis 30 Minuten Arbeitszeit braucht man eine Fünf-Minuten-Pause. Der Arbeitsplatz wird für das Spielen an der frischen Luft, für Dehnungsgymnastik oder für etwas Sport verlassen.

Pausentyp III – die ‚Kaffeepause'

Sie dauert 15 Minuten und entspricht schulischen Pausen. Sie ist nach etwa 60-90 Minuten Lernen notwendig. Auch bei dieser Pause geht man räumlich und gedanklich auf Distanz zur Arbeit und zum Arbeitsplatz. Zum Namen: Kaffee-Getränke wirken auf viele Menschen entspannend, ganz sicher sind sie anregend und aktivierend.

Pausentyp IV – die Erholungspause

Diese einstündige Pause entspricht in der Schule der Mittagspause. Zu Hause benötigt man sie nur, wenn Prüfungsvorbereitungen und umfangreiche Hausaufgaben anstehen.

Pausentyp V – der Nachtschlaf für mehr Wissen in den Kissen
Im Schlaf wird tatsächlich gelernt. Im Tiefschlaf wird das Gelernte wiederholt. Im Traumschlaf, der Phase der schnellen Augenbewegungen, wird das Gelernte strukturiert, also den vorhandenen Speichern zugeordnet. *Den Seinen gibt es der Herr* also tatsächlich *im Schlafe*. Das funktioniert aber nur bei ausreichend Schlaf und wenn tagsüber etwas gelernt wurde. Schlafmangel, Alkohol und Nikotin stören die Schlafarchitektur aus Wach- und Tiefschlafphasen ganz empfindlich.

Drei Regeln müssen in allen Pausen eingehalten werden:
Die Pausen machen etwa ein Fünftel der Lernzeit aus.
Die Pausen dürfen nicht beliebig verlängert werden.
Die Pausen sollte man nach Inhalten, nicht nach der Uhr einlegen.

Atemtechniken – Entspannung statt Flachatmung

Anders als in Fernost wird in westlichen Zivilisationen wenig Wert auf entspanntes Atmen gelegt. Die folgende Übung ist als Einstieg gedacht: Sie hilft gegen die in Prüfungen typische ‚Flachatmung':

> Mache es dir bequem und lasse die Schultern locker hängen! Auf keinen Fall verkrampfen. Atme einige Male tief ein und aus, bis du für diese Übung bereit bist! Atme tief durch die Nase ein! Erst in den Bauch, dann in die Lunge atmen. Verkrampfe nicht, ziehe nicht die Schultern hoch! Zähle beim Einatmen 1-2-3! Halte die Luft an und zähle dann weiter 4-5! Atme jetzt gleichmäßig aus und zähle von 5 auf 1. Lege jeweils bis zum nächsten Atemzug eine kleine Pause ein! Atme so, bis du dich ganz ruhig und gelassen fühlst.

Progressive Muskelentspannung nach Jacobsen

Die Entspannungsübungen nach Jacobsen sind überall problemlos auszuführen. Dabei steht die Fünf für die höchste, die Null für keinerlei Muskelanspannung. Drei Wiederholungen sind zu empfehlen:

Der Stuhlzieher für Arm- und Rumpfmuskulatur
Greife mit beiden Händen unter die Sitzfläche eines Stuhls! Ziehe die Sitzfläche kräftig nach oben und halte 10 Sekunden lang die Spannung 5! Dann die Spannung langsam aufgeben: 4-3-2-1-0.

Der Stuhldrücker für die Arm- und Rumpfmuskulatur
Greife mit den Händen links und rechts um den Rand der Stuhlfläche! Drücke kräftig gegen den Stuhl, ohne den Oberkörper nach oben zu stemmen! Halte zehn Sekunden lang die höchste Spannung 5, dann entspannen: 4-3-2-1-0.

Die Schlafmützenstütze für die Nacken-Muskulatur
Lege das Kinn in die Hand des aufgestützten Armes und drücke es gegen die Handfläche. Dann zehn Sekunden die Spannung 3 halten. Die empfindliche Nackenmuskulatur sollte auf keinen Fall stärker belastet werden. Das Ganze je zweimal links und rechts üben.

Die geballten Fäuste für die Unterarm-Muskulatur
Balle die Hände zu Fäusten! 10 Sekunden lang die maximale Spannung 5+ halten, dann wieder entspannen: 5-4-3-2-1-0.

Phantasiereisen – Entspannende Parallelwelten

Phantasiereisen sind entspannende Reisen in Parallelwelten unserer Gedanken. Die Kraft der Imagination fördert Entspannung und baut Ängste ab. Selbst erdachte Bilder sind besser als gekaufte CDs, um sich Phantasiewelten ‚auszumalen'. Urlaubserinnerungen, durch Musik ausgelöste Emotionen und Bilder aus Museen und Filmen liefern den Stoff, aus dem entspannende Tagträume sind.

Weckertraining – Zeitdruck ‚wegtrainieren'

Prüfungen werden oft auch wegen des Zeitdrucks als unangenehm empfunden. Das gilt vor allem für nachdenkliche Menschen mit reflexivem Lernstil. Impulsive Lerntypen arbeiten zwar schneller, dafür aber weniger genau. Die beste Möglichkeit zur Desensibilisierung bietet die Wecker-Methode: Schätzen Sie gemeinsam mit Ihrem Kind die Zeit für die Fertigstellung der Hausaufgaben. Danach wird der Wecker gestellt. Die Wirkung ist größer, wenn die Bearbeitungszeiten nicht zu großzügig geplant werden. Nachdem Ihr Kind die Aufgaben erledigt hat, wird überprüft, ob die Zeiten richtig eingeschätzt wurden. Damit entwickelt man ein Zeitgefühl für alle zu erledigenden Aufgaben. Das zahlt sich dann in Prüfungen aus.

Akupressurübungen – Denkmütze und Positivpunkte

> Denkmütze: Fasse die Ohrmuscheln mit Daumen und Zeigefinger und massiere sie von oben bis unten bis zum Ohrläppchen durch!
>
> Positivpunkte: Mit den leicht gespreizten Fingerspitzen von Zeige- und Mittelfinger beider Hände massiert man leicht die Punkte zwischen der Mitte der Augenbrauen und dem Haaransatz.

Angst- und Sorgenfresserchen

Liebenswerte kleine Gefährten für den Alltag sind die Sorgen- oder Angstfresserchen: Maul auf – Sorgen rein – Maul zu – Sorgen weg!

Professionelle Entspannungs-Hilfen

Techniken wie Yoga, autogenes Training und Qi Gong (Lebensenergie) verlangen professionelle Anleitung. Bekommt man Angst und Stress mit den hier beschriebenen Hilfen nicht in den Griff, sollte man Profis hinzuziehen: Schulberater und Schulpsychologen vermitteln Ihnen die richtigen Adressen und Ansprechpartner.

Intelligente Gefühle

Emotionen sind die höchste Entscheidungsinstanz des Gehirns. Sie bestimmen über angeborene Affekte unsere Gedanken und über das episodische Gedächtnis unsere Erinnerungen. Im limbischen System – dem emotionalen Erfahrungsgedächtnis – sind alle Lern- und Lebenserfahrungen gespeichert. Sind Probleme zu lösen, zum Beispiel im sozialen Lernfeld, wählt das emotionale Erfahrungsgedächtnis zuerst *die* Alternative aus, die gefühlsmäßig am akzeptabelsten ist. Nun darf der Verstand den Befehl logisch begründen und diese Entscheidung an das Handlungsgedächtnis in den Basal-Ganglien weiterreichen. Gefühle sind also im Lernprozess sehr dominant. Die vom Striatum in alle Gehirnregionen ausgeschütteten Glückshormone sind Ursache für den viel zitierten Flow nach Czikczentmihalyi.

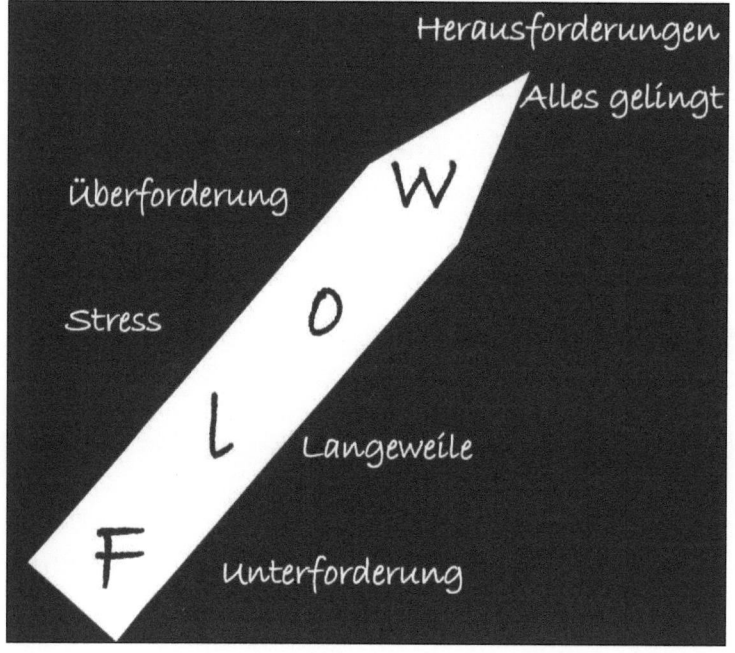

Emotionales Lernen kommt sehr gut ohne Wiederholungen aus. Denken Sie an den 11.09.2001: Starke Gefühle hinterlassen unauslöschliche Spuren im episodischen Gedächtnis.

Studien belegen, dass alle Emotionen gut für das Gedächtnis sind, positive *und* negative. Negative Gefühle sind aber unangenehm und wirken demotivierend.

Nachgewiesen ist auch, dass Emotionen trainierbar sind. Mönche verschiedener Welt-Religionen praktizieren das seit Jahrtausenden.

Das Wichtigste über Emotionen und das Lernen

Eltern sind mitverantwortlich für die Einstellung ihrer Kinder zum Lernen und zur Schule. Bis zum Alter von etwa 13 Jahren sind *Sie* das wichtigste Rollenmodell.

Zu hohe Erwartungshaltungen von Eltern führen zu Stress und Versagensängsten bei den Kindern. Helfen Sie Ihrem Kind, die Kraft positiver Gefühle zu seinem Vorteil zu nutzen.

Achten Sie auf die Wirkung von sich selbst erfüllenden Prophezeiungen und von selektiver Wahrnehmung. Sie können als Lernturbo aber auch als Motivationskiller wirken.

Gefühle hinterlassen deutliche Spuren im episodischen Gedächtnis. Deshalb sollte man Lerninhalte, falls möglich, gefühlsmäßig färben.

Jede Art von Entspannung hilft gegen den häufigsten Stressfaktor Angst. Halten Prüfungsängste zu lange an, können sie sich zu allgemeinen Ängsten verfestigen.

Finden Sie für Ihr Kind *die* Entspannungstechniken heraus – Gedankenstopp, Atemtechniken, Muskelentspannung – mit denen am besten Ängste vermieden oder abgebaut werden können. Bewegung, Musik und Tanz sind immer entspannend.

Erfolgreiches Zeitmanagement bedeutet unter anderem auch geplante Entspannung. Beschränken Sie den Terminplan Ihres Kindes und den Stressfaktor Medienkonsum.

Sinnvolles Lernen erfordert Pausen. Sie sollten ein Fünftel der Lernzeit ausmachen. Auch ein Mittagsschläfchen ist entspannend und verbessert das Gedächtnis. Sehr wichtig für das Lernen ist Pausentyp 5, der Nachtschlaf. Wird lange genug geschlafen und auf Genussgifte verzichtet, kommt es zu Wiederholungen im Tiefschlaf und zur Reorganisation und Einordnung des tagsüber Gelernten im Wachschlaf.

Konzentration – Tue, was du tust!

Wer zu vielen Hasen nachjagt, der wird keinen fangen. Serbien

Ungerichtete (geteilte) Aufmerksamkeit, gerichtete (selektive) Aufmerksamkeit, Wachheit (Aktivierung), Reaktionsschnelligkeit (Vigilanz) und Konzentrationsausdauer sind fünf Teilaspekte einer übergeordneten geistigen Fähigkeit, die man Konzentration nennt.

Die Steuerung der Konzentration im Gehirn

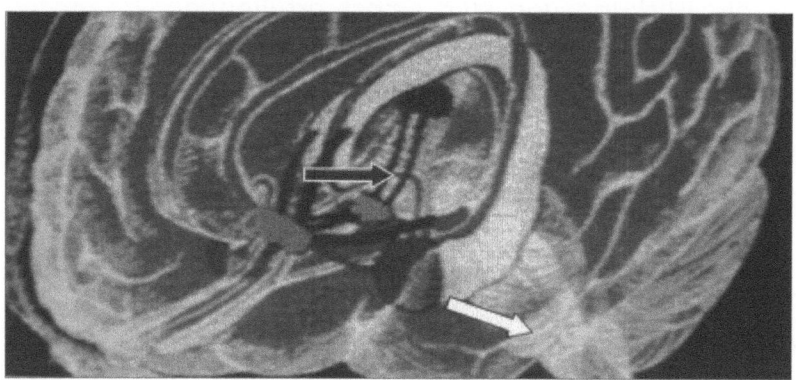

Der Formatio reticularis, weißer Pfeil, ist für die Aktivierung des Gehirns verantwortlich. Dank dem Aszendierenden Retikulären Aktivations-System (ARAS) bekommt er Rückmeldungen aus allen Teilen des Gehirns. Für die Aufmerksamkeit sind verschiedene Botenstoffsysteme verantwortlich, deren Impulse in alle Regionen des Gehirns weitergeleitet werden:

Das *cholinerge System* überträgt die Sinnesreize im Thalamus (schwarzer Pfeil). Hohe Acetylcholin-Werte machen uns aufgeschlossener für Neues. Geringe Werte sind typisch für das Alter und für Alzheimer.

Das *dopaminerge System* leitet die Reize mit Hilfe des Neurotransmitters Dopamin weiter.

Das *serotonine System* nutzt Serotonin als Botenstoff.

Das *noradrinerge System* überträgt Sinnesreize mit Noradrenalin.

Fünf Arten der Aufmerksamkeit

Selektive oder gerichtete Aufmerksamkeit

Dieser Begriff steht für die aktive Hinwendung zu einer Sache, wie bei einem Spotlight: Die Hinwendung zur Aufgabe ist das Licht, Ablenkungen verschwinden im Dunkel rund um das Spotlight.

Ungerichtete oder geteilte Aufmerksamkeit

Das ist die Reaktion auf Umweltreize. Es kommt zu einem Wettbewerb, bei dem der stärkste Sinnesreiz auf Kosten anderer gewinnt.

Wachheit oder Aktivierung

Man unterscheidet tonische und phasische Wachheit: Tonische Wachheit beschreibt den Wachzustand des Organismus im Tagesverlauf. Die phasische Wachheit steigert die Aufmerksamkeit durch verschiedene Orientierungs- und Alarm-Reaktionen.

Vigilanz oder Reaktionsgeschwindigkeit

Sie wird durch das Reaktionstempo auf eingehende Reize bestimmt. Diese Leistungsgeschwindigkeit des Gehirns ist abhängig von der Aktivierung, vom Anregungsgehalt des Umfelds und von der Motivation.

Konzentrationsausdauer

Sie umschreibt geistige Ausdauerleistungen.

Konzentrationsförderung – 100-Punkte-Test

Fall: *R ist in der 7. Klasse am Gymnasium und hat nach Meinung seiner Eltern und Lehrer eine Konzentrationsstörung. Indizien sind sein Verhalten im Unterricht und Fehlerhäufungen am Ende von Probearbeiten und Hausaufgaben. Beim d2-Aufmerksamkeitstest erzielte R allerdings quantitativ und qualitativ erstaunlich gute Werte.*

In der Beratungspraxis decken sich Beobachtungen und Diagnosen nicht in jedem Fall. Kinder motivieren sich für Tests meist besser als für schulische Aufgaben. Außerdem können sich manche als unkonzentriert geltende Schüler recht gut konzentrieren, *wenn sie wollen*. Die Konzentration ist also immer auch abhängig von der Motivation.

Hinweise auf Stärken und Verbesserungsmöglichkeiten finden Sie im nun folgenden 100-Punkte-Test. Ihr Kind braucht nur eine Uhr, etwa 30 Minuten Zeit und ... fünf Arten von Aufmerksamkeit.

1. Für den Einstieg
Finde in 20 Sekunden alle p mit insgesamt zwei Strichen dran! Für jedes richtige Zeichen gibt es einen Punkt. _____ von 10 Punkten

p p d p d p d p d p p d p p d p d p p p p d p

2. Für Code-Knacker
Die Zeilen enthalten nach Streichen überflüssiger Buchstaben jeweils einen Lernspruch. Die beiden ersten und der letzte Buchstabe sind richtig. Es stehen nie mehr als zwei Stör-Buchstaben nacheinander. 5 Minuten Zeit. 4 Punkte je Spruch. _____ von 20 Punkten

WETRZLIOETSTVHAWTMOETHRIOMKPOSPRF

ALPLERAWNFKHAJNGTISGTUSCGHZWETR

ÜBLIUNGKMRACGHTZDTEJNHPMTEIRSZTUEQWR

WETRUNJITCHNTLFRTAGKTLBHLWEIOBTSDJUMLM

TUIOEWBNASJLDRUZTUIKSDT

3. Für Fans von Spiegel-Übungen
Zeichne zur folgenden Figur das Spiegelbild! Du hast zwei Minuten Zeit. Für jeden Spiegelfehler wird ein Punkt abgezogen.

_____ von 10 Punkten

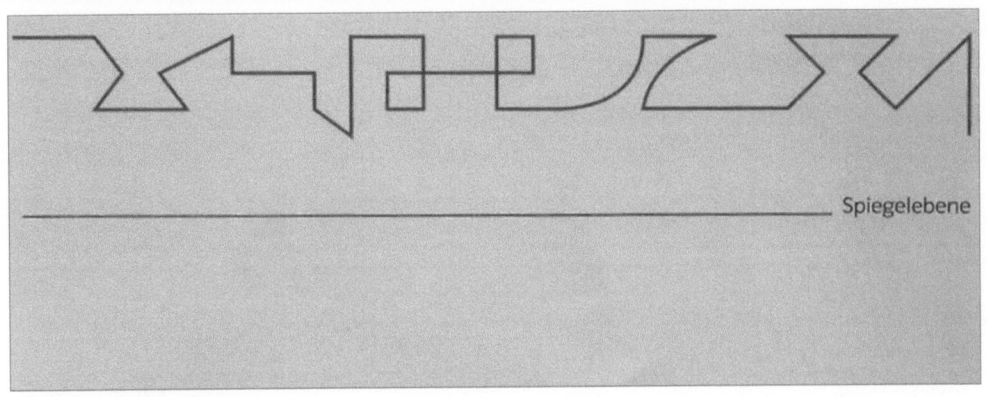

4. Für Kombinierer

Die Anfangsbuchstaben und Zahlen haben kombiniert eine Bedeutung. Drei Punkte für jede Aufgabe. Du hast zwei Minuten Zeit. Beispiel: 12 MhdJ: 12 Monate hat das Jahr   _____ von 15 Punkten

1001 *N*   _____

22 *FsadF*   _____

3600 *ShdS*   _____

64 *FhdS*   _____

29 *ThdFiS*   _____

Gegeben ist diese Figur aus Streichhölzern	a) Lege vier Hölzer zu drei gleich großen Dreiecken um.	b) Lege vier Hölzer zu vier gleich großen Dreiecken um.

5. Für Streichholz-Tüftler (Bild Seite 75 unten)

Für beide Aufgaben hast du insgesamt 5 Minuten Zeit. Auf die erste Lösung bekommst du sieben, auf die zweite Lösung acht Punkte.

_____ von 15 Punkten

6. Für Tierfreunde

Im Text sind zehn Tiere versteckt. Sie können auch in zwei aufeinander folgenden Wörtern versteckt sein. Du hast drei Minuten Zeit. Beispiel: WICH*TIGER* TIPP, TIGER; für jedes Tier gibt es einen Punkt

_____ von 10 Punkten

> FÜR KLAUSI GELTEN DIESELBEN REGELN WIE FÜR UNS AUCH.
> ER HAT EIN LERNPLAKAT ERSTELLT. ES IST EIN POSTER VON
> HARRY POTTER, GLEICH NEBEN DEM PINNBOARD: SCHREIB-
> TISCH UND STUHL STEHEN, WIE EMPFOHLEN, AM FENSTER.

7. Für Zahlenfreaks

Vergleiche die bis auf eine Zahl identischen Zahlenpaare. Streiche den Fehler jeweils rechts an. Dafür hast du 75 Sekunden Zeit.

_____ von 20 Punkten

3749245	3748245	9036212	6036212	7375810	7372810
1357531	1357539	8642468	8042468	2536748	2536348
7654321	7653321	9182734	9182774	4536298	4526298
4534789	3534789	7142233	7142333	8050932	8050832
2087654	2077654	9362812	9362819	7147256	7247256
8378345	7378345	9025863	9023863	5958486	5858486
2315432	2315439	7315291	7915291		

Gesamtwertung: _____ von 100 Punkten.

	5. Klasse	6. Klasse	7. Klasse	8. Klasse
Toll konzentriert!	100-79 P.	100-82 P.	100-85 P.	100-88 P.
Gut gemacht!	78-52 P.	81-56 P.	84-60 P.	87-64 P.
Bitte üben!	51-26 P.	55-30 P.	59-34 P.	63-38 P.
???	25- 0 P.	29- 0 P.	33- 0 P.	37- 0 P.

Einzelbewertung

Test 1: Die Übung ist ein Ausschnitt aus einem Aufmerksamkeits-Ausdauertest für selektive Aufmerksamkeit. Probleme: 0-5 Punkte.

Test 2: Es geht um das Ausblenden von Ablenkungen, außerdem um Wachheit und schnelle Wahrnehmung. Probleme bestehen bei 0-8 Punkten.

Test 3: Um das Spiegelzeichnen durchzuhalten, braucht man wache Sinne, insbesondere gute visuelle Wahrnehmung. Die Problemzone liegt zwischen null und vier Punkten.

Test 4: Die Verknüpfung von Zahlen und Buchstaben erfordert hohe Aktivierung und geistige Leistungsgeschwindigkeit oder Vigilanz. Bei 6 Punkten beginnt der unterdurchschnittliche Bereich.

Test 5: Verlangt sind Konzentrationsausdauer, Geduld und Vigilanz. Hier gibt es keine Problemzone, 0-15 Punkte je nach Tagesform.

Test 6: Ein ablenkender Text zur Lernorganisation ist auszublenden. Außerdem braucht man selektive Aufmerksamkeit für das Entdecken der Tiere bzw. Buchstaben. Probleme bei 0-5 Punkten.

Test 7: Die Aufgabe ist leicht, erfordert aber wieder viel selektive Aufmerksamkeit und die Fähigkeit, sich nicht ablenken zu lassen. Auch Ausdauer und hohes Verarbeitungstempo sind nötig. Probleme bestehen bei 0-12 Punkten.

Aufmerksamkeitslenkung statt Ablenkung

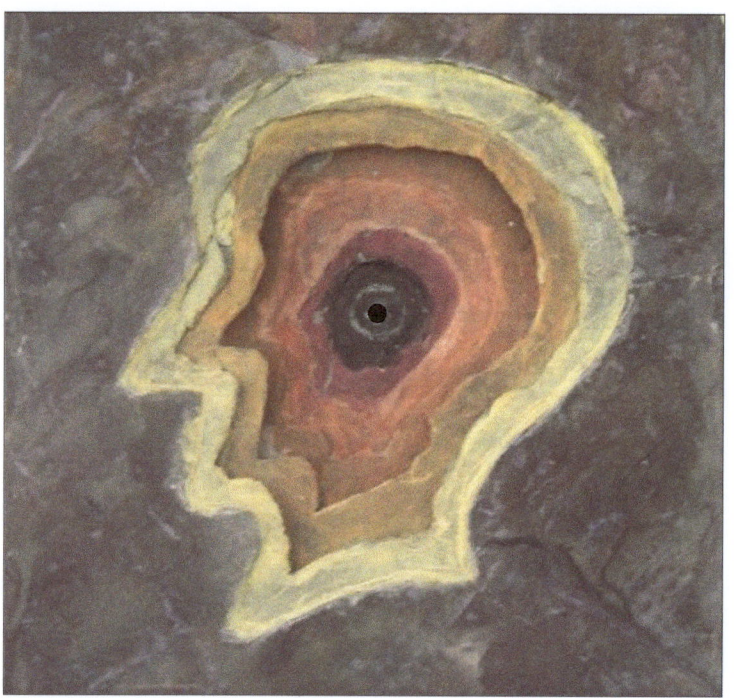

Für die Aufmerksamkeit gibt es viele bekannte Sprachbilder: das Spotlight, sich auf den Punkt konzentrieren (Schieferbild), Unwichtiges ausblenden, das Licht der Aufmerksamkeit, die Aufmerksamkeit bündeln, im Fokus der Aufmerksamkeit stehen usw. Unternehmen Sie nun mit Ihrem Kind eine Zeitreise in die 30er Jahre! Albert Einstein lüftet für Sie das Geheimnis der Konzentration:

Sie besuchen Einstein in seinem Häuschen auf dem Universitätsgelände von Princeton. Der legendäre Wissenschaftler zeigt Ihnen seine große Ideen-Tafel, erzählt von ‚Bildern im Kopf' und der Bedeutung von Neugier und Konzentration. Für ihn sei es nie ein Problem gewesen, spannenden Phantasien von der Relativität, von vier Dimensionen oder gekrümmten Räumen stunden- und sogar tagelang nachzugehen. Sie wollen von ihm wissen, was denn nun das Geheimnis seiner Konzentration sei. Einstein antwortet: „Für alles, was mich interessiert, hatte ich immer ein einfaches Rezept: Wenn ich denke, dann denke ich. Wenn ich schreibe, dann schreibe ich. Wenn ich lese, dann lese ich. Wenn ich rechne, dann rechne ich …". Da unterbrechen Sie ihn: „Logisch, das machen wir doch alle …". Der weise Professor mit dem zerzausten Haar wiederholt: *„Mein* Geheimnis ist, zu denken, wenn ich denke, zu schreiben, wenn ich schreibe, zu lesen, wenn ich lese, zu rechnen, wenn ich rechne …". Jetzt sind Sie genervt und enttäuscht. Aber Einstein lächelt nur und spricht nun Klartext: „Wenn *Sie* denken, dann schreiben Sie schon. Wenn *Sie* schreiben, dann lesen Sie schon. Wenn *Sie* lesen, dann rechnen Sie … und schon haben Sie sich verrechnet. Weil Sie immer schon ans Nächste denken, und nicht an das, was Sie *gerade* tun. Es ist ganz einfach: Tue, was du tust – und nichts Anderes!"

‚Tue, was du tust', ist die Lenkung der Aufmerksamkeit, ‚nichts Anderes' steht für das Ausblenden von Ablenkungen. Bild: Tyto und Einstein wundern sich über Polly: Sie weiß nichts über selektive Aufmerksamkeit und braucht sie doch für das Picken nach Würmern.

Der auf Seite 73 zitierte Fall R steht für eine recht häufig gemachte Beobachtung: Kinder können sich in manchen Situationen gar nicht, in anderen sehr gut konzentrieren. Konzentrationsschwächen nehmen aber offensichtlich zu. Das ist zum einen die Folge mangelnder Übung und zum anderen typisch für eine beschleunigte Lebensweise, bei der es nicht üblich ist, gründlich und in Ruhe zu tun, was man gerade tut. Man tut vieles, manches gleichzeitig, nichts gründlich und nennt das, meist noch bewundernd, Multitasking. Übrigens wird viel zu oft von Konzentrationsspannen ausgegangen, die den Fähigkeiten von Erwachsenen, nicht aber denen von Kindern entsprechen. 10- bis 14-Jährige haben nur eine Konzentrationsspanne von gut 20 Minuten. Pausen können diese Konzentrationsspanne verlängern. Außerdem ist es normal, dass auf Kinder viel mehr ablenkende Sinnesreize einwirken als auf Erwachsene. ‚Übung macht den Meister' gilt also auch für die Fähigkeit unseres visuellen Systems, aus komplexen Zusammenhängen die wichtigsten Aspekte herauszulösen und unwichtige zu ignorieren. In *Ihrer* Erziehungsarbeit gibt es viele Möglichkeiten, selektive Aufmerksamkeit zu fördern. Dank Spiegelneuronen lernen Kinder viel durch Nachahmung. Deshalb sollten wir unsere Aktivitäten wie Zeitung lesen oder Telefonieren nicht unterbrechen lassen. So wie *wir* angefangene Tätigkeiten beenden, sollten wir auch Kinder nicht von *ihrer* Sache abbringen. Die Konzentrationsfähigkeit hängt außerdem ab von ...

... der Umgebung: Die Mitschüler haben viel Unsinn im Sinn? Da ist die Entscheidung für Ablenkendes und gegen die Konzentration auf schulisches Lernen schon gefallen.

... der Art der Inhalte: Sind sie interessant oder werden sie als eher langweilig empfunden.

... der Kompetenz: Bin ich in meinem Tun souverän oder unfähig?

... Biorhythmen: Stimmungen, seelisches und körperliches Wohlbefinden schwanken abhängig von der Tageszeit und den Aufgaben.

Training der Aufmerksamkeitslenkung

Die Konzentrationsfähigkeit wird am besten spielerisch trainiert. Das Spielzeugangebot im Kinderzimmer sollte überschaubar bleiben. Spielzeug muss nicht teuer sein, am liebsten spielen Kinder mit Alltagsmaterialien.

Gesellschafts- und Strategie-Spiele im Familienkreis sind ein ideales Konzentrationstraining, machen Spaß und fördern die Sozialkompetenz. Lassen Sie Ihrem Kind viel Zeit für eigene spielerische Betätigung. Studien zeigen, dass die Gehirnentwicklung stärker gefördert wird, wenn Kinder ihre Spiele selbst gestalten.

Die von Eltern bestimmte Freizeit ist kontraproduktiv. Das verplante Kind wird laut einer Studie in Problemlösungskompetenz, Spracherwerb, Sozialverhalten und Konzentration behindert.

Konzentration wird auch durch banale Dinge wie gute Raumluft verbessert. Lüften Sie regelmäßig!

Ernährung: Viel Mineralwasser, Säfte, Schorle oder Tee trinken! Süßigkeiten und gesüßte Getränke schaden der Konzentration.

Neben Konzentrationsaufgaben helfen kleine Übungen für die Sinnes- oder Lernkanäle. Der Ohrenmerker wird beispielsweise durch ein Akustik-Memory oder die Übung ‚Was hörst du alles in zwei Minuten' gefördert. Man beschreibt alle gehörten Geräusche: Verkehrslärm, Hundebellen, Herzklopfen usw. Konzentriertes ‚Augenlernen' übt man durch Memory, Bild-Diktate, Malen nach Vorgaben, und das Dalli-Klick-Spiel.

Ein-Minuten-Konzentrationsübungen: Zeichne mit beiden Armen am offenen Fenster große Kreise! Balanciere mit geschlossenen Augen einen Apfel (in Gedanken) auf dem Kopf! Balanciere bei geschlossenen Augen auf einem Bein! Führe zusätzlich das andere Bein kreisend in verschiedene Richtungen!

Ablenkungen ausschalten – aber nicht alle (Bild)

Im wörtlichen Sinn, bei technischen Geräten. Das Gehirn lernt ständig, auch beim Computerspielen oder Fernsehen. Diese Reize ziehen aber viel Aufmerksamkeit von Ihrem Kind ab, so dass für schulische Aufgaben nichts übrig bleibt. Schalten Sie alle ablenkenden Geräte aus. Die Zauberworte haben drei Buchstaben: *aus* und *off*.

Im übertragenen Sinn, bei Ablenkungen durch Freunde, Haustiere, Geschwister. Der Wochenplan Ihres Kindes zeigt Ihnen, wann Störer fernzuhalten sind. Vielleicht hilft dabei dieses Schild an der Tür:

D: Bitte nicht stören! F: Ne pas déranger s'il vous plaît!
E: Do not disturb! L: Noli turbare circulos meos!

Bei ungebetenen Gedanken im Sinn: Geräte kann man abschalten, Ablenker auf später vertrösten. Schwierig wird es, wenn Gedanken nicht mehr aus dem Kopf zu bekommen sind. Dagegen hilft die so genannte To-Do-Box. Alle ablenkenden Gedanken wie Freundin anrufen, Trainingstermin usw. werden auf Zettel geschrieben, in die Box gelegt und erst nach den Hausaufgaben bearbeitet. So hat man das gute Gefühl, keine wichtigen Termine zu verpassen.

Zwei-Minuten-Konzentrationsübungen

Stufe 1: Achte zwei Minuten nur auf den Sekundenzeiger deiner Uhr! Lasse dich durch nichts ablenken!

Stufe 2: Wieder schaust du zwei Minuten auf den Zeiger der Uhr, ohne dich von deiner Lieblingssendung ablenken zu lassen. Übe das, bis du die Bilder vollständig ausblenden kannst!

Stufe 3, für Fortgeschrittene: Wie gehabt – während deiner Lieblingssendung verfolgst du zwei Minuten lang nur den Sekundenzeiger deiner Uhr. Zusätzlich zählst du Zahlenreihen auf und ab: 2, 4, 6, 8, 10, 8, 6, 4, 2, 4, 6, 8, 6, 4 usw.

Wachheit – Die Aktivierung für das Lernen

Aktivierung, auch Wachheit genannt, ist eine Art Startbedingung, mit der man sich entspannt und gelassen auf neue Aufgaben einstellt. Eltern und Lehrer fordern häufig mehr Anstrengung. Krampfhafte geistige Anstrengung schadet aber eher. Um geistig wach und fit zu sein für kreative Lösungen, aktivieren wir im Gehirn langwellige Alpha- und Thetawellen. Diese Faktoren fördern die Wachheit:

Entspannung: Wachheit und Entspannung sind eng verbunden. Im Kapitel Emotionen wurden Entspannungstechniken beschrieben.

Musik: EEG-Studien zeigen, dass z.B. die Musik Mozarts langsame Hirnwellen (Theta 4-6 Hz, Alpha 8-10 Hz) verstärkt und eine schnelle

schnelle Hirnwelle (Beta 19 - 21 Hz) abschwächt. Klassische Musik unterstützt also offensichtlich ein Konfliktlösungssystem in der Hirnregion, in der Theta-Aktivität erzeugt wird. Damit wird das Arbeitsgedächtnis optimiert. Harmonische Musik schwächt Blockaden des Arbeitsgedächtnisses ab und ist deshalb ein sehr guter Aktivator.

Ernährung: Falsche Ernährung beeinträchtigt die Aktivierung. Schädlich sind Einfachzucker in Süßigkeiten und Süßgetränken. Der Glukosespiegel steigt erst kräftig an, sinkt dann aber schnell wieder ab. Dadurch kommt es zu Müdigkeit, Schwächegefühl und Unlust.

Sport: Beim Tanzen ergänzen sich gleich zwei Aktivierer: Sport und Musik. Das Reiten fördert eine spezielle Aktivierung: Kinder lernen, ihre Aufmerksamkeit voll und ganz auf das Pferd und seine Bewegungen abzustellen.

Interessen und Neugier: Interesse heißt Beteiligung oder dabei sein. Je mehr wir also an etwas beteiligt sind, desto größer das Interesse. Es wird verstärkt durch engagierte Lehrer, vielfältige Schüleraktivität, fordernde Inhalte und die schon beschriebene Übung Interessenanknüpfung.

Schlaf: Schlafmangel führt zu nachlassender Konzentration. Nur ausgeschlafene Typen können hellwach sein.

Phasen und Leistungsrhythmen: Wir alle haben einschlägige Erfahrungen mit der Abhängigkeit unserer Aktivierung von verschiedenen Phasen.

Der bekannteste circadiane Rhythmus ist die Tagesleistungskurve. Dazu gehören der Schlaf-Wach-Rhythmus und der Wechsel von Leistungs- und Ermüdungsphasen.

Langfristige geistige, seelische und körperliche Rhythmen bezeichnet man als infradiane Phasen. Die Wachheit wird grundsätzlich durch Medikamente, Genussgifte, Zeitumstellungen und negative Gefühle beeinträchtigt.

Vigilanz – Das geistige Leistungstempo

Intelligenzdefinitionen enthalten immer auch den Aspekt der raschen Verarbeitungsgeschwindigkeit von Informationen. Diese wichtige Komponente der Konzentration wird auch Vigilanz genannt. Sie hängt ab von ...

Wachheit oder Aktivierung: Ohne Wachheit könnte Franz Marcs Tiger (Schieferbild), für mich das Sinnbild der Wachheit, nicht schnell genug auf akustische, visuelle und andere Umweltreize reagieren, die er mit seinen wachen Sinnen von der Beute aufgenommen hat.

Motiven und Motivation: Die Vigilanz – auch des Tigers – wird durch existenzielle Motive wie Versorgung der Familie, Hunger und Überlebenstrieb gesteigert.

Anregungsgehalt des Umfelds: Im Zoo muss sich der Tiger um nichts kümmern. Er lebt in einer künstlichen reizarmen Umgebung. So verkümmert die für sein Überleben notwendige Vigilanz. Ähnliches gilt für unterforderte Kinder.

Übung: Ohne Übung gibt es keine Vigilanz. Sinnesleistungen nehmen bei Passivität ab. Beim Tiger ist es das faule Leben im Zoo, beim Menschen das Fernsehen, Facebook, PC-Spiele und Bewegungsarmut: *Das Gehirn wird so, wie man es nutzt.* Hüther

Vigilanz kann man üben

Der Zählkreis: Die Zahlen in der Reihenfolge von 1 bis 40 sind so schnell wie möglich zu finden. Dafür ist eine Minute Zeit. Die Aktivierung ist hier nicht das Problem, weil die Übung einen hohen Aufforderungscharakter hat. Auch die einminütige Konzentration auf den Zählkreis ist zu bewältigen. Das Problem ist eher die Wahrnehmungsgeschwindigkeit. Durch Wiederholungen werden die Zahlen zunehmend schneller gefunden: Übung macht eben auch beim Zählkreis den Meister.

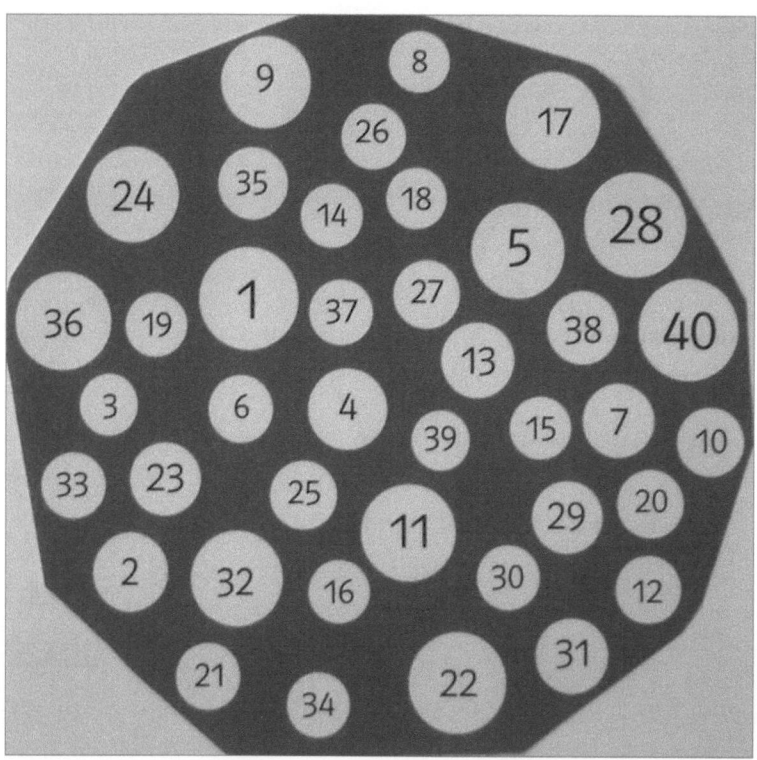

Sterne im Spiegel: Man hält das kopierte Blatt vor den Spiegel. Nur mit Blick darauf versucht man, mit dem Bleistift eine Linie im Rand des Sterns zu ziehen. Diese Übung verlangt hohe Reaktionsgeschwindigkeit bei der Korrektur ungewohnter motorischer Anforderungen. Schon beim zweiten, erst recht beim dritten und vierten Versuch verbessert sich die Hand-Auge-Koordination erheblich. Das Gehirn lernt schnell und es mag gerne Spiegelübungen, Spiegelschriftlesen und strazoM ybboH, sad nereibatshcubsträwkcüR.

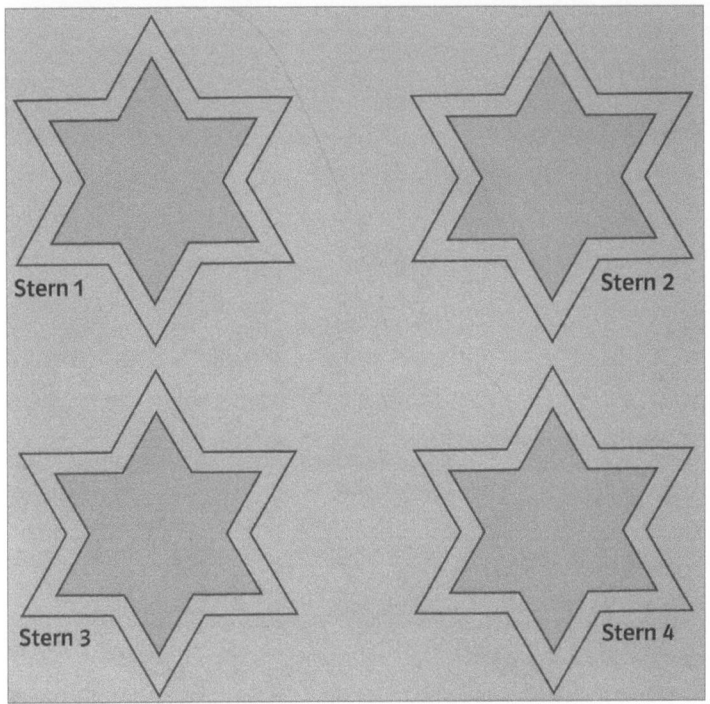

Konzentrationsausdauer und Disziplin

Ohne Ausdauer und Disziplin lässt sich Konzentration nicht lange aufrecht erhalten. Fehlerhäufungen am Ende von Hausaufgaben und Prüfungen sind die Folgen. Die Ausdauer kann mit Musik, Strategiespielen, Schach, Hausaufgaben, Sport und allem, was uns zwingt, richtig bei der Sache zu bleiben, verbessert werden.

Störungen der Aufmerksamkeit

Die Definitionen von Aufmerksamkeitsstörungen sind sehr umstritten. Tonnen von Ritalin, einem süchtig machenden Wirkstoff mit langfristigen Wirkungen auf Gehirn und Herz-Kreislauf-System, werden für das Aufmerksamkeits-Defizit-Syndrom, kurz ADS, verabreicht, an dessen diagnostischer Absicherung große Zweifel bestehen: *Verhaltens-, Lern- und Wahrnehmungsstörungen sind einzeln und kombiniert problemlos zu diagnostizieren, nicht aber das Syndrom ADS.* Schmidt

In der Beratungspraxis fällt auf, dass Eltern ihre Kinder auf der Basis wissenschaftlich nicht abgesicherter ADS-Diagnosen offensichtlich viel zu häufig mit Tabletten therapieren lassen.

Formen von Aufmerksamkeitsstörungen

Teilleistungsstörungen
Funktionelle Störungen, bei denen Aspekte wie selektive Aufmerksamkeit und Vigilanz mehr als eine Standardabweichung unter dem Schnitt anderer Leistungen liegen.

Begrenzte Störungen
Störungen der selektiven Aufmerksamkeit und der Aktivierung.

Aufmerksamkeits-Defizit-*Syndrom*
ADS ist streng von ADSH zu unterscheiden. ADHS sind hyperaktive oder hyperkinetische Störungen. In Dr. Hoffmanns Zappelphilipp wurde ADHS erstmals beschrieben. Prominente Hyperaktive sind Isaac Newton und Thomas Edison.

ADHS – Definition und Abgrenzung

Unaufmerksamkeit: Das Kind hat eine sehr kleine Aufmerksamkeitsspanne, passt nicht auf, folgt Erklärungen nicht und kann seine Tätigkeiten nicht organisieren.

Impulsivität: Das Kind wartet nicht, bis es an der Reihe ist, platzt mit Antworten heraus, stört und unterbricht andere.

Hyperaktivität: Motorische Unruhe, das Kind verlässt oft den Arbeitsplatz, läuft unruhig umher und ist oft auffällig laut.

Diese Merkmale müssen laut ICD (International Classification of Diseases) mindestens ein halbes Jahr auftreten, vor dem siebten Lebensjahr begonnen haben, im Vergleich zu gleichaltrigen und gleich entwickelten Kindern abnorm sein, in mehr als einem Umfeld – zu Hause, Schule usw. – beobachtbar sein und Leidensdruck auslösen.

Kommen Aggression, Wutausbrüche und absichtliches Ärgern und Verletzen anderer hinzu, liegt eine hyperkinetische Störung des Sozialverhaltens vor.

Bei Entwicklungs-, Angst- oder affektiven Störungen sind hyperaktive Störungen auszuschließen. Setzt ein akutes hyperaktives Verhalten im Vorschulalter ein, geht man von einer umfeld- oder familienbedingten Störung aus.

ADHS-Ursachen – Ein multifaktorielles Geschehen

Genetische Veranlagung: An der Entstehung von ADHS sind viele Ursachen beteiligt. Die Genetik spielt dabei immer eine Rolle.

Störungen des Hirnstoffwechsels: Das empfindliche Gleichgewicht von Serotonin, Dopamin, Noradrenalin und Acetylcholin kann gestört sein. Untererregung entsteht durch Dopaminmangel. Dann wird der Hypothalamus schlecht durchblutet. Aber auch Übererregung durch Dopaminüberschuss kann zu Hyperaktivität führen. Beide Störungen sind weit verbreitet.

Phosphatidylserin-Mangel: Das übertriebene ‚Fett- und Cholesterin-Bewusstsein' hat nach Geiß dazu geführt, dass phosphatidylserinhaltige Nahrungsmittel nicht mehr ausreichend aufgenommen werden. Deshalb kommt es zu einer Unterversorgung von bis zu 300 mg täglich. Die Gehirnzellen brauchen aber dringend PS zur Verbesserung der Leistung und Vorbeugung von ADHS.

Gehirnanatomische Besonderheiten: Bei ADHS sind Teile des frontalen Cortex und des vorderen Temporallappens kleiner als bei nicht hyperaktiven Kindern.

Störungen im Glucose-Stoffwechsel: Sie führen zum Ungleichgewicht von erregenden und hemmenden Zentren im Gehirn. Sind die hemmenden Zentren nicht genügend aktiviert, bekommen die erregenden Zentren ein Übergewicht.

Wahrnehmungsstörungen: Bei ADHS werden Reize aus der Umwelt nur zum Teil aufgenommen. Die Unterschiede zwischen den eintreffenden Reizen werden im Gehirn nicht richtig verarbeitet.

Allergien und Unverträglichkeiten: Künstliche Farb-, Konservierungs- und Geschmacksstoffe wurden in der Lancet-Studie als Auslöser und Verstärker von hyperaktiven Störungen nachgewiesen. Die Kinder bekamen eine Mischung aus Carmoisin, Gelborange, Allurarot AC und anderen Zusatzstoffen. Sie neigten danach zu deutlich mehr Hyperaktivität als die Kontrollgruppe. Ein Weglassen der Zusatzstoffe beseitigte zwar nicht alle hyperaktiven Störungen, diese Stoffe sollten aber nach Überzeugung der Forscher gemieden werden.

Soziale und erzieherische Einflüsse: Dazu gehören nachlässige Erziehung, wenig Zeitstrukturierung, fehlende Grenzsetzungen und eine Überdosis an Bildschirmmedien.

Familiäre Konflikte: Hyperaktivität kann in seltenen Fällen auch ein Symptom für familiäre Konflikte sein.

Kompensierung von Minderwertigkeitsgefühlen: Fehldeutungen von Situationen und Verhalten von Menschen führen zu reduziertem Selbstwertgefühl, das bei manchen Kindern mit ADHS kompensiert wird.

ADHS – Therapien und Prognosen

Behandlung mit Ritalin und Nachfolgepräparaten

Die Apotheken-Zeitschrift berichtet von einer extremen Zunahme von ADHS, von ratlosen Eltern und beklagenswerten Kindern: Jährlich werden über 400.000 Versicherte der gesetzlichen Krankenkassen behandelt. Der Verkauf von Methylphenidat (Ritalin u.a.) ist in 15 Jahren um 4000 Prozent gestiegen. Vor Suchtgefahren und Herz- und Gehirnschäden wird massiv gewarnt. Das Zitat einer Mutter:
When a major study said kids with ADHD could benefit from drugs, we gave my son Ritalin. Then he became delusional and manic and now the study-researchers say they might have been wrong all along.
Oft ist der Leidensdruck aber so groß, dass ohne Ritalin nichts geht.

Neurofeedback mit dem Elektroenzephalogramm

Neurofeedback mit dem EEG macht geringe Aktivität von Neuronen bei ADHS sichtbar und auch beeinflussbar. Die Kinder verfolgen am Computer farbige Balken, die ihrer Gehirnaktivität entsprechen. Sie stellen sich vor, schnell zu laufen oder Rechenaufgaben zu lösen. Stoßen sie dabei zufällig auf einen Gedanken, der die Hirnaktivität erhöht, sehen sie den Erfolg und arbeiten in dieser Richtung weiter. Nach kurzer Zeit beobachtet man dauerhafte Veränderungen der Hirnaktivität und der Konzentration. Hyperaktivität und Impulsivität nehmen ab, as Gehirn hat gelernt, sich selbst zu kontrollieren. Das lässt sich auf das Lernen zu Hause übertragen. Studien zeigen, dass die Trainingswirkung zwei Jahre anhält. Ähnlich wirkt das ‚Göttinger Feedback': Kinder mit ADHS lernen dabei spielerisch, ihre Gehirnströme zu kontrollieren. Akteure des Spiels sind die Mitglieder der Maus-Familie. Man hilft der Maus beim Stabhochsprung oder dem Elefanten beim Tandem fahren. Die EEG-Daten werden mit einer Spezialtechnik ausgewertet und schon schafft die Maus den Sprung über das hohe Hindernis allein durch die Kraft der Gedanken.

Vielfältige Aktivitäten gegen Hyperaktivität

Sport, Musik – Schlagzeug, aber auch andere Instrumente – und Engagement in Schule, Verein, Pfadfindergruppen oder kirchlichen Jugendgruppen helfen beim Ausleben hoher Aktivitätspotenziale.

Mozart hilft auch bei ADHS

ADHS-Kindern zwischen 7 und 17 Jahren wurden Mozarts Werke vorgespielt. Dabei zeichnete man die Gehirnwellen auf. Die Musik normalisierte die Aktivität der Theta-Gehirnwellen, die bei ADHS-Kindern gestört ist. Die Musik half, die Aufmerksamkeit zu kontrollieren, die Impulsivität zu verringern und Sozialkompetenzen zu entwickeln.

Phosphatidylserin als Nahrungsmittelzusatz

Künstliche Phosphatidylserin-Gaben steigern Aufmerksamkeit und Gehirnleistung.

Mehr Mut zur Erziehung

Winterhoff fordert in seinem Buch ‚Warum unsere Kinder Tyrannen werden' einen Erziehungskonsens. Er beschreibt drei Beziehungsstörungen zwischen Eltern und Kindern: Projektion, d.h., Eltern machen sich abhängig vom Kind, überzogene Partnerschaftlichkeit und Symbiose, d.h. die Psyche der Eltern verschmilzt mit der des Kindes.

Der Jugendpsychologe Bergmann sieht diese Thesen zwar skeptisch, macht aber ebenfalls Erziehungsfehler für die starke Zunahme von Kontrollstörungen bei Kindern verantwortlich. Was Kinder anstelle von Schutzräumen gegen die ‚böse Welt da draußen' brauchen, sind Wertbezüge, klare Regeln und Strukturen, die in unsicherer werdenden Zeiten Orientierung bieten. Die deutliche Zunahme von Aufmerksamkeitsstörungen ist also auch mit fehlenden Grenzsetzungen und Wertvorgaben zu erklären: Ohne entsprechenden Input kann das kindliche Gehirn keine Kontrollmechanismen entwickeln.

Das Wichtigste über Konzentration

Konzentration besteht aus selektiver und geteilter Aufmerksamkeit, Wachheit, Vigilanz und Konzentrationsausdauer. Die Aufmerksamkeit wird von mehreren Botenstoffsystemen gesteuert. Die Impulse werden in alle Hirnregionen weitergeleitet.

Die maximale Konzentrationsausdauer von Kindern wird oft falsch eingeschätzt. Testleistungen sind oft besser als subjektive Urteile.

Für die Schule ist selektive Aufmerksamkeit die wichtigste Form der Konzentration. Sie besteht aus der Aufmerksamkeitslenkung und der Vermeidung von Ablenkungen.

Gegen Ablenkungen helfen das Ausschalten von Geräten und anderen Störern, außerdem Wochenpläne, To-Do-Box und 2-Minuten-Übung.

Die Lenkung der Aufmerksamkeit verbessert man durch gutes Spielzeug, Gesellschafts- und Strategiespiele, Minutenübungen, Zeit für selbständiges Spielen und ein passendes Lernambiente.

Man unterscheidet interessengelenkte, also tonische Wachheit, und von Leistungskurven abhängige, also phasische Wachheit. Die Aktivierung für das Lernen ist zu beeinflussen durch Entspannung, Interessen, Neugier, Sport, Musik und Schlaf.

Vigilanz ist die Reaktionsgeschwindigkeit, mit der Lernreize aufgenommen werden. Sie hängt ab von Wachheit, Motivation, Übung, Lernumfeld und dem Anregungsgehalt der Aufgabe.

ADS ist schwer zu diagnostizieren und von anderen Störungen abzugrenzen. Ursachen für ADHS sind Stoffwechsel-Störungen, Allergien, Phosphatidylserin-Mangel, Genetik, Gehirnanomalien und soziale oder familienbedingte Störungen.

Für viele Experten sind der Mangel an Erziehung und Grenzsetzung sowie der Überkonsum an Bildschirmmedien ernst zu nehmende Ursachen für die Zunahme von ADHS.

Motivation – Motor und Lenkung des Lernens

Hegel: *Ohne Motivation kommt nichts zustande.*

Die Schlüsselrolle der Motivation

Motivation leitet sich von Motiven ab. Von den vielen Arten der Motivation interessieren uns hier vor allem die Lern- und Leistungsmotivation. Die Gleichung (vgl. Tafel) macht deutlich, wie wichtig der Lernmodulator oder Stützfaktor Motivation ist. Ohne Wollen wird das Ergebnis des Produkts gleich null: Null Leistung bei null Bock! Motivation ist eine Art Motor und Lenkung des Lernens.

Zum Motor, dem inneren Antrieb, gehören ...

Willenskraft und Ausdauer	Ich will es schaffen
Neugier und Interessen	Ich will das wissen
Selbstständigkeit	Ich will es selber tun
‚Aufschieberei' bekämpfen	Ich tu es gleich

Der Lenkung oder Richtung des Lernens entsprechen ...

Ziele	Ich will sie erreichen
Erfolge und Misserfolge	Ich verarbeite sie richtig
Einstellungen	Ich sehe mich und Schule positiv

Das Vorläufermotiv der Motivation, die Neugier, ist uns angeboren. In der Gehirnregion Striatum sorgt ein erdnussgroßer Kern, der Nukleus accumbens bei anregenden Gesprächen, beim Lesen, Rätsellösen und bei Erfolgserlebnissen aller Art für eine Belohnung mit Glückshormonen. Das noradrenerge System erzeugt positiven Erwartungs-Stress und steigert dadurch die Aufmerksamkeit. Das dopaminerge System sorgt für Neugier und Belohnung. Das cholinerge System steuert die Lenkung der Aufmerksamkeit. Alle regen die wichtigste Lernzentrale in unserem Gehirn, den Hippocampus, zum Lernen und Speichern an. Man unterscheidet innere oder intrinsische und äußere oder extrinsische Motivation. Verstärker der intrinsischen Motivation sind die ...

... *Lernumgebung:* Sie sollte zweckmäßig und angenehm sein.

... *Interessenanknüpfung:* Interessen und Ziele steigern die Freude am Lernen.

... *Lerninhalte:* Eigene Auswahl und Lerninhalte, die situiert, also der Erfahrungswelt des Kindes angepasst sind, wirken sich günstig aus.

... *Art der Lernaktivitäten:* Man ist voll ‚bei der Sache', wenn man etwas selber tut und es spielerisch ausprobiert – am besten zusammen mit Gleichgesinnten.

... *Materialien und Medien:* Humorvolle, ästhetische oder originelle Gestaltung weckt die Neugier.

Drei Verstärker der extrinsischen Motivation sind ...

... *Strukturierung:* Ausdrückliche Belohnungen für die einzelnen Arbeitsschritte strukturieren das Lernen. So lernt man, die Aufgaben Schritt für Schritt zu lösen und vermeidet Fehler.

... *Priorisierung:* Belohnungen verstärken den Lernerfolg und die Fähigkeit, Wichtiges von Unwichtigem zu unterscheiden.

... *Feedback:* Das Verknüpfen von Belohnungen mit überprüfbaren Ergebnissen führt zum Feedback über den Leistungsstand. So lernt man, sich richtig einzuschätzen.

Eine Motivations-Checkliste

Bild: Ludek kann sich nicht motivieren für diese Checkliste, mit der man prüft, wie 7 wichtige Aspekte der Motivation ausgeprägt sind.
1 = trifft voll zu   2 = trifft teilweise zu   3 = trifft gar nicht zu

1. Wenn ich etwas erreichen will, lasse ich mich nicht davon abbringen.   1 2 3
2. Im Unterricht arbeite ich nicht mit, es sei denn ich werde vom Lehrer dazu aufgefordert.   1 2 3
3. Ich hatte schon öfter Nachhilfeunterricht.   1 2 3
4. Meine Hausaufgaben mache ich an dem Tag, an dem sie gestellt werden.   1 2 3
5. Ich setze mir Ziele, die ich auch erreichen kann.   1 2 3
6. Wenn ich etwas anfange, bin ich davon überzeugt, es auch zu schaffen.   1 2 3
7. Gemeinsam mit Freunden schimpfe ich gerne über Schule und Lehrer.   1 2 3

8. Wenn ich mich auf Prüfungen vorbereite, arbeite ich sehr zielstrebig und ausdauernd. 1 2 3
9. Fernseher, Computer und Smart Phone finde ich viel interessanter als alles, was in der Schule läuft. 1 2 3
10. Ich würde weniger lernen, wenn meine Eltern nicht so viel Druck machen würden. 1 2 3
11. Vor Prüfungen lerne ich immer nur am letzten Tag. 1 2 3
12. Ich beschäftige mich nicht mehr als 90 Minuten mit fernsehen, Computerspielen und dem Handy. 1 2 3
13. Nach Prüfungen kann ich meine Leistung ganz gut einschätzen. 1 2 3
14. Alles, was ich in der Schule lerne, kann ich später nicht brauchen. 1 2 3
15. Wenn ich will, kann ich gut auf Computerspiele oder auf Süßigkeiten verzichten. 1 2 3
16. In der Schule gibt es kaum ein interessantes Fach. 1 2 3
17. Ich gehe nur zur Schule, weil ich muss. 1 2 3
18. Ich lerne immer erst, wenn es am Schuljahresende knapp wird mit dem Vorrücken. 1 2 3
19. Ich nehme mir jede Woche Ziele vor, die ich auch erreichen kann. 1 2 3
20. Die Note Vier ist für mich keine ‚ausreichende' Note. 1 2 3
21. Ich gehe gar nicht gern zur Schule. 1 2 3
22. Rückschläge stören mich nicht. Dann denke ich: Jetzt schaffe ich das erst recht. 1 2 3
23. Wenn ich im Unterricht etwas nicht verstanden habe, frage ich auch nicht nach. 1 2 3
24. Schulischen Wahl- oder Förderunterricht besuche ich nur, wenn meine Eltern es wollen. 1 2 3
25. Wenn meine Freunde kommen, verschiebe ich die Hausaufgaben auf später. 1 2 3

26. Ich bin überzeugt davon, dass ich meine schulischen Ziele erreichen werde. 1 2 3
27. Wenn wir in der Gruppe Prüfungsaufgaben vergleichen, bin ich sicher, dass meine Lösungen richtig sind. 1 2 3
28. Nach den großen Ferien hasse ich es, wieder in die Schule zu gehen. 1 2 3
29. So ausdauernd wie für meine Hobbys (Musik, Sport) kann ich auch für die Schule arbeiten. 1 2 3
30. Außerhalb der Schule gibt es viele interessantere Dinge. 1 2 3
31. Meine Hausaufgaben mache ich meist mit Hilfe der Eltern. 1 2 3
32. Wenn ich private Termine habe, verschiebe ich meine Hausaufgaben. 1 2 3
33. Ich konzentriere mich immer auf ein bestimmtes Ziel. 1 2 3
34. Schulische Leistungen verdanke ich nur meiner eigenen Anstrengung. 1 2 3
35. Ich finde Schule langweilig. 1 2 3

Motivation	Fragen Nr.	Punkte	Probleme
Willen/Ausdauer	1, 8, 15, 22, 29	_____	10-15 P.
Neugier/Interessen	2, 9, 16, 23, 30	_____	5- 9 P.
Selbstständigkeit	3, 10, 17, 24, 31	_____	5- 9 P.
Aufschieben	4, 11, 18, 25, 32	_____	5- 9 P.
Ziele	5, 12, 19, 26, 33	_____	10-15 P.
Erfolg/Misserfolg	6, 13, 20, 27, 34	_____	10-15 P.
Einstellungen	7, 14, 21, 28, 35	_____	5- 9 P.

Die Punkte für die 7 Motivationsaspekte werden in der 3. Spalte zusammengezählt. In der 4. Spalte finden Sie problematische Werte. Beispiel für die Ziele: ein Punkt bei 5., ein Punkt bei 12., zwei Punkte bei 19., zwei Punkte bei 26. und ein Punkt bei 33. Die Summe ist 7 Punkte – kein Problem! Um die Ergebnisse nicht vorhersehbar zu machen, wurden die Problembereiche unterschiedlich angelegt.

Willenskraft – *Der* Schlüssel für den Erfolg

Die kleine Lokomotive

Der Glaube kann Berge versetzen, ebenso ein starker Wille. US-Präsident Obama wurde mit dem Leitspruch bekannt: ‚*Yes, we can*'. In den USA üben Kinder schon im Vorschulalter mit der kleinen starken Lokomotive: Falls es während der Hausaufgaben oder Prüfungsvorbereitungen Motivationsprobleme gibt, kommt die kleine aber starke Dampflokomotive ins Spiel – zumindest die Vorstellung davon:

Die Dampflokomotive ist so stark, dass sie schwere Waggons einen steilen Berg hinaufziehen kann. Der Berg ist die Anstrengung, der Gipfel das zu erreichende Ziel und die Waggons sind die Aufgaben. Nun setzt man die Lokomotive unter Volldampf. Sie kommt erst ganz langsam, dann schneller und schneller in Fahrt und zieht die Waggons den Berg hinauf. Das kann man nicht nur sehen, sondern auch hören: Es ist dieser Geräusch-Mix aus Stampfen, Zischen und Dampfen, der sich anhört wie ein immer schneller werdendes ‚*ich kann es schaffen, kann es schaffen, kann es ...*'

Ähnliches drücken zwei Zauberworte der Motivation aus:
Ich will, das Wort ist mächtig, spricht's einer ernst und still.
Die Sterne reißt's vom Himmel, das Zauberwort Ich will. Halm
Aber ‚*es ist nicht genug zu wollen. Man muss es auch tun*'. Goethe.

Fünf Erfolgsrezepte willensstarker Menschen

Gewonnen wird im Kopf
Erfolgsmenschen sehen sich und ihre Leistungen positiv. Sie vertrauen auf ihren starken Willen und erzwingen damit den Erfolg.

Aufgeben? Nein danke!
Viele haben das Problem, nach Rückschlägen zu früh aufzugeben. Erfolgserlebnisse, z.B. das schöne Gefühl, eine Krise selbstständig bewältigt zu haben, machen uns stärker.

Nicht verzetteln!
Wer sich nicht voll auf seine Ziele konzentriert, verzettelt seine Kräfte. Es ist wichtig, die richtigen Prioritäten zu setzen.

Lasse Fehler zu!
Willensstarke sehen in Fehlern die Chance, sich zu verbessern und an sich zu arbeiten. Sie pflegen das ‚Learning by Error'.

Verzichten macht stark
Verzichten ist keine altmodische Tugend. Wer länger beispielsweise auf Süßigkeiten verzichten kann, stärkt seine Willenskraft.

Neugier und Interessen
Neugier ist der Beginn allen Wissens.

Neugierige sehen und verstehen mehr von dieser Welt, weil sie unablässig Fragen stellen. Im Laufe unserer Evolution hat sich ein Verhaltenssystem, das Neugier-Motiv, herausgebildet, das uns dazu veranlasst, neue Reize zu registrieren, die Aufmerksamkeit darauf zu richten und sie zu erkunden. Das sind Orientierungen, die die Gleichschaltung elektromagnetischer Wellen im Hippocampus bewirken. Dieser verarbeitet Unterschiede zwischen erwarteten und unerwarteten Reizen. In der Entwicklungspsychologie wird seit Piaget das Neugier-Motiv als zentrale Erklärung für die geistige Entwicklung herangezogen. Piaget hat mit seinen Arbeiten deutlich gemacht, wie

wichtig die aktive Auseinandersetzung des Kindes mit der Umwelt ist. Nur aktives Erkunden trägt zur Erfahrungsbildung und Entwicklung kognitiver Strukturen bei. Voraussetzung dafür ist eine anregende Umwelt, die zum Entdecken einlädt und die Aufmerksamkeit fesselt. Neugierige entwickeln auch eine bessere Verdrahtung von Hirnarealen, zum Beispiel zwischen Striatum und dem Hippocampus: In der Region Striatum liegt eine Belohnungszentrale, die uns zu zielgerichtetem Handeln anspornt, der Hippocampus ist für das Gedächtnis zuständig. Neugier führt nun zum perfekten Zusammenspiel beider Areale: Identifiziert der Hippocampus eine Erfahrung als neu, sendet er eine Reaktion an das Striatum. Dort werden Botenstoffe freigesetzt, die positive Gefühle auslösen und die Neugier verstärken.

Verstärker der kindlichen Neugier

Passendes ‚Spielzeug': Das Kind sollte Materialien nutzen, die die Neugier wecken und zum Alter und den Interessen passen. Besser als ‚viel und teuer' sind Haushalts- und Naturmaterialien.

Angebot an unterschiedlichen Sinnesreizen: Spielmaterialien sollten alle Sinne anregen: Visuell durch Spielzeug und Bücher, aber auch Hören, Riechen, Tasten und Schmecken sollten eine Rolle spielen. Viele verschiedene und unterschiedliche Reize hinterlassen mehr und tiefere sinnliche Spuren der Erinnerung.

Unterstützung der Aufmerksamkeitsregulierung: Mütter von Kindern zwischen 9 und 18 Monaten wurden bei ihrer täglichen Hausarbeit beobachtet. Es zeigte sich, dass *die* Kinder den höchsten Entwicklungsstand im Entdecken und Spielen erreichten, deren Mütter die Aufmerksamkeit des Kindes während der Arbeit immer wieder auf Objekte lenkten, indem sie darauf deuteten, den Namen des Objektes nannten, es in die Reichweite des Kindes rückten und zeigten, was man damit alles machen kann.

Viele unterschiedliche Lösungsstrategien: Bei der Lösung von Problemen gibt es unterschiedliche Strategien. Mal hilft das Ausprobieren nach Versuch und Irrtum, mal ist es sinnvoll, die Lösungsalternativen vorab zu planen. Grundsätzlich ist die mit eigener Anstrengung verbundene Lösung immer die beste.

Interessen – Kinder der Neugier
Wo deine Interessen sind, da ist auch deine Energie.

Man unterscheidet …
… *allgemeine Interessen*, teils kognitive, teils handlungsorientierte
… *spezielle Interessen,* die sich auf bevorzugte Bereiche richten
… *Interessiertheit* als Gegensatzes zu Ignoranz und Abneigung

Interessen wirken wie ein Filter. Auf manche Sachen lässt man sich gerne ein, auf andere ungern oder gar nicht. Da könnte die Übung Interessenanknüpfung weiter helfen. Zwei Beispiele:

Mathematik: Taschengeld aufteilen, Kontrolle der Handyrechnung, Taktik für Schach und Kartenspiele, basteln und konstruieren, Grundlagen für Physik, Chemie, Wirtschaftslehre, Informatik.

Deutsch: Detektivgeschichten lesen oder selber schreiben, Theater spielen, Aufgabentexte und Textaufgaben besser verstehen, Tagebuch schreiben, Fremdsprachen, Kurse für kreatives Schreiben, Schülerzeitung, Brieffreundschaften usw.

Mehr Selbstständigkeit dank Lernvertrag

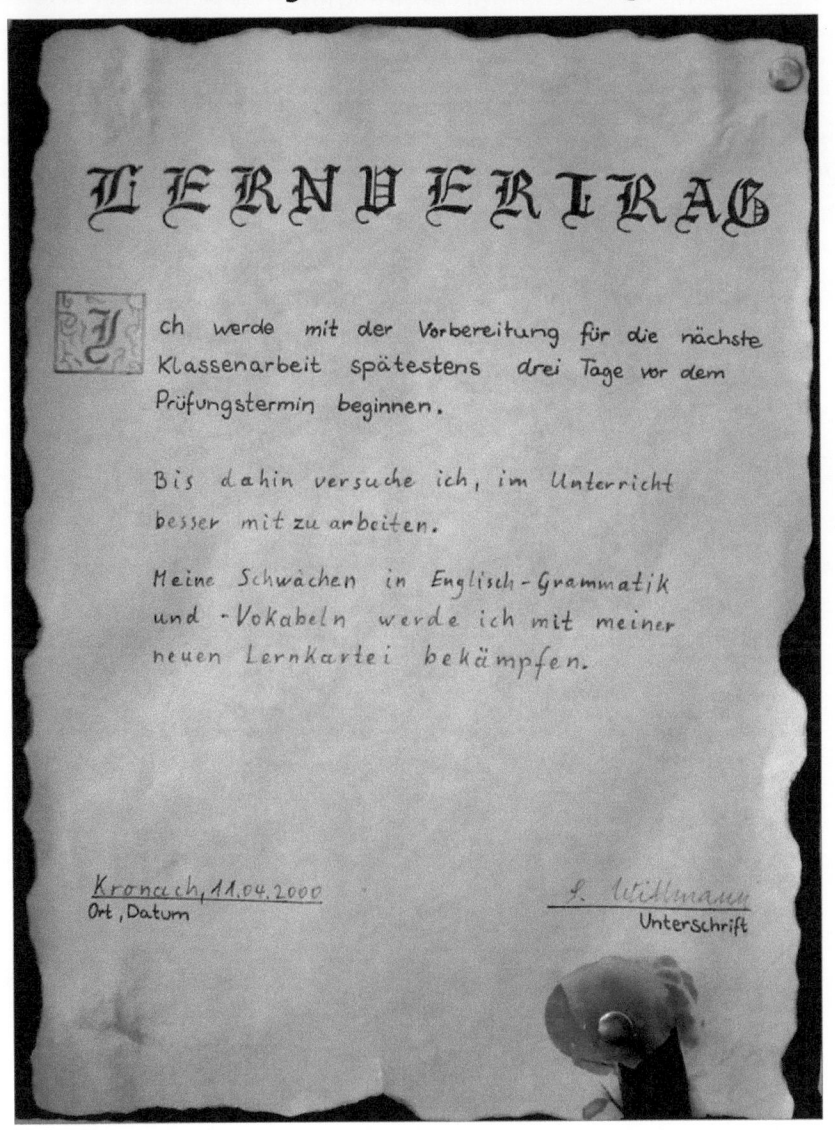

Selbständigkeit gilt als wichtigstes Vorläufermotiv für die Lern- und Leistungsmotivation. Allerdings ist Selbständigkeits-Erziehung eine echte Gratwanderung: Bis zur 6. Klasse, also nach dem Übertritt an weiterführende Schulen, ist Betreuung und Begleitung noch notwendig. Später sollten sich die Eltern aber nach und nach aus der Betreuung ‚herausschleichen'. Organisationshilfen wie der Wochenplan, das Pinnbrett und Vorbereitungspläne für Prüfungen fördern die Selbständigkeit. Mit Hilfe eines Lernvertrags signalisiert Ihr Kind, dass es die Schule zur eigenen Sache machen möchte.

Fall: *B schrieb in einer Englisch-Probe eine Fünf, weil er sich zu wenig vorbereitet und zu viele Vokabelfehler gemacht hatte. Die Eltern drohten mit Nachhilfe und Computerverbot. Mit dem Vertrag auf Seite 103 löste B die Probleme auch ohne die angedrohten Sanktionen.*

Ziele – *Die* Medizin gegen ‚Aufschieberitis'
Angenehm sind erledigte Arbeiten. Cicero

Schieferbild: Ein großes Ziel aus vielen kleinen

Der innere Schweinehund rät uns, auf morgen zu verschieben, was wir heute besorgen könnten. Dagegen helfen Willenskraft und das

Setzen von Zielen in kleinen Schritten. Zu hoch gesteckte Ziele überfordern und erzeugen Stress, zu niedrig Ziele unterfordern und langweilen uns. Ziele sollen keine direkten Vergleiche mit anderen Personen enthalten, im Falle des Scheiterns vorsichtig reduziert werden und ein Feedback geben, das dem Selbstbild nicht schadet.

Zieltagebuch – Schritt für Schritt ans Ziel

Das Zieltagebuch formuliert und kontrolliert konkrete Zielvorgaben. Ein über einige Tage verteiltes Ziel könnte zum Beispiel die Vorbereitung einer Englisch-Schulaufgabe mit überschaubaren Teilzielen sein. Dafür eignet sich eine Vier-Spalten-Matrix:

1. Spalte: Wochentag
2. Spalte: Tagesziel – Festlegung von Teilzielen
3. Spalte: Zielerreichung – hat alles geklappt wie geplant?
4. Spalte: Feedback – das ist noch zu tun.

Tag	Tagesziel	Das hat geklappt	Das bleibt zu tun
Mo.	Stoff sammeln, auf Lerntage verteilen	Der Plan steht	Kann der Lehrer den Stoff eingrenzen?
Di.	Vokabelkontrolle mit der Lernkartei	Noch nicht alles perfekt	Endkontrolle am … Sonntagabend
Mi.	Grammatikübungen aus dem Workbook	Probleme mit den Zeiten	Zeitenmatrix anlegen
Do.	Fragenteil, Übersetzungen üben	Klappt gut	Übersetzungen aus dem Trainingsbuch
Fr.	Lerngruppe treffen	Gute Anregungen	Machen wir nun öfter!
Sa.	Probearbeit mit alten Arbeiten des Lehrers	Die Arbeit kann kommen!	---
So.	Abends: Endkontrolle der Vokabeln	Alles OK.	Nur noch kurze Wiederholungen

Vorbilder be*geiste*rn für Werte und Ziele

Vorbilder und Rollenmodelle haben großen Einfluss auf unsere eigenen Ziele. Dabei wählen Kinder gerne Vorbilder aus ihrem Umfeld aus – Eltern, Lehrer, Trainer usw. Vorbilder motivieren, weil sie von ihrer Sache so be*geiste*rt sind, dass sie auch andere begeistern: Albert Einstein, Papst Franziskus, Roger Federer, Stephen Hawking, Vitali Klitschko, _____.

Erfolge und Einstellungen
Nichts ist erfolgreicher als der Erfolg. Tucholsky

Der Umgang mit (Miss)Erfolgen prägt den Charakter und das Selbstkonzept oder Selbstbild. Drei Einstellungen beeinflussen es positiv:

Mache dich nicht schlechter, als du bist! ‚Mathe, das begreife ich nie!' Das ist einer der Sprüche, die dem Selbstwert schaden. Durch negative Erwartungen und selektive Wahrnehmungen tritt am Ende ein, was man sich eingeredet hat.

Schätze deine Leistung und Noten! Beispiel: Ihr Sohn schreibt in Mathematik eine 2. Sein Stolz darauf hält sich jedoch in Grenzen, weil er den Erfolg damit erklärt, dass die Arbeit leicht war, dass Glück im Spiel war und nur der Nachhilfe zu verdanken sei. Ursachenerklärungen dieser Art sind schlecht für den Selbstwert. Verstärken Sie im Rahmen Ihres Feedbacks zu den Schulleistungen des Kindes positive, möglichst unterschiedliche und im Kind liegende (also nicht äußere) Ursachenerklärungen.

Sehe die Schule nicht zu negativ! Im ‚Motivations-Check' wird oft angekreuzt: *Alles, was ich in der Schule lerne, kann ich später nicht brauchen*. Negative Motive wie dieses verschlechtern die Lernmotivation. Eltern sollten massiv gegen solche Motivationskiller-Phrasen argumentieren. Hilfreich sind auch die Übungen Positivgedanken und Erfolgstagebuch, beide auf Seite 64.

Das Wichtigste über Motivation

Wir sind von Geburt an motiviert, auf Neues gierig zu sein. Dafür sorgt ein Belohnungszentrum im Bereich des Striatums.

Man unterscheidet positive und negative, innere und äußere Motivation. Die intrinsische Motivation wird vor allem verstärkt durch Interessenanknüpfungen, den Anforderungscharakter von Lerninhalten, zum Alter passenden Material- und Medieneinsatz, viele eigene Lernaktivitäten und eine Lernumgebung, die sowohl zweckmäßig als auch angenehm ist.

Extrinsische Motivation ist besser als ihr Ruf. Anerkennung tut immer gut. Motivationsreize von außen tragen außerdem zur Strukturierung und Priorisierung des Lernens.

Treffend ist das Bild vom Motor (Willen und Neugier, Interessen, Selbständigkeit, Aufschieben) und der Lenkung (Ziele, Erfolgserlebnisse, Einstellungen) des Lernens.

Die Worte ‚Ich will' haben Zauberkraft. Die kleine Lokomotive und fünf Strategien erfolgreicher Menschen machen Ihr Kind stärker.

Die Neugier steuert über eine Synchronisierung der Gehirnwellen von Striatum und Hippocampus die Aufmerksamkeit. Deshalb sind neugierige Menschen besonders gut ‚verdrahtet'. Verstärkt wird das durch anregende Lernumgebungen, Entdeckungsmöglichkeiten, Aufmerksamkeitslenkung und Problemlösungsangebote.

Die Übung Interessenanknüpfung hilft bei schulischen Motivationsproblemen, das Zieltagebuch gegen ‚Aufschieberitis'.

Selbständigkeit ist ein Vorläufermotiv für überdauernde Leistungsmotivation. Ein Lernvertrag fördert die Selbständigkeit.

Erfolgs- und Misserfolgserlebnisse hängen von Ursachenerklärungen, Einstellungen und selektiven Wahrnehmungen ab. Erfolgstagebuch und Positivgedanken geben positive Rückmeldungen.

Organisation – Nur mit Plan kommt man ans Ziel

Niemand plant zu versagen, aber viele versagen beim Planen.

Bild: Tyto, Ludek und Polly schmieden viele Pläne für das Lernen, einen Plan A für die Raumplanung und einen Plan B für die Zeitplanung.

Plan A – Angenehmes Ambiente für das Lernen

Der folgende Fragebogen hilft Ihnen, das Lernambiente für Ihr Kind positiv zu gestalten. Sie können bei jedem Nein aktiv werden, besonders sinnvoll sind Verbesserungen von 1., 2., 4., 14., 18. und 19.

20 Fragen zur Organisation des Lernens

1. Fühlst du dich in deinem Arbeitszimmer wohl?   Ja   Nein
2. Hast du für alle schulischen Termine ein Pinnbrett in der Nähe des Schreibtischs?   Ja   Nein
3. Nutzt du einen Zettelkasten für Notizen zu Dingen, die dir während der Arbeit einfallen?   Ja   Nein

4. Fühlst du dich sicher vor Störern (Geräte, Haustiere)? Ja Nein
5. Hast du schon mit Lernplakaten gearbeitet? Ja Nein
6. Ist in der Nähe deines Schreibtischs eine Uhr? Ja Nein
7. Sind Höhe und Rückenlehne deines Bürostuhls verstellbar? Ja Nein
8. Benutzt du deinen Schreibtisch nur für schulische Arbeiten? Ja Nein
9. Ist dein Arbeitsplatz hell und freundlich Ja Nein
10. Hat der Schreibtisch mindestens die Maße 1 mal 0,6 m? Ja Nein
11. Lüftest du dein Zimmer regelmäßig? Ja Nein
12. Sind deine Hilfsmittel wie Wörterbücher und Atlas immer griffbereit? Ja Nein
13. Ist deine Schreibtisch-Lampe hell genug? Ja Nein
14. Sind Computer und Handy so weit weg vom Arbeitsplatz, dass sie dich nicht von der Arbeit ablenken? Ja nein
15. Sind auch Spiel- und Sportsachen nicht so nah am Schreibtisch? Ja Nein
16. Überprüfst du regelmäßig, ob dein ‚Handwerkszeug' vollständig und in Ordnung ist? Ja Nein
17. Ist an deiner Zimmertür ein Schild ‚Bitte nicht stören'? Ja Nein
18. Verwendest du schon einen Wochenplan? Ja Nein
19. Hast du eine Tafel, um schwierige Aufgaben auszuprobieren oder wichtiges aufzuschreiben (vgl. Lernplakat)? Ja Nein
20. Kannst du bei ausgebreitetem Schreibzeug noch mit aufgelegten Ellenbogen schreiben? Ja Nein

Insgesamt ___ Mal Ja, der Durchschnitt liegt bei etwa 11.

Arbeitsplatz – Schöner wohnen & lernen

Schöner lernen heißt auch schöner wohnen. Zu einem angenehmen Lernambiente gehören Pflanzen, Bilder, Poster und schöne aber auch praktische Möbel. Die sollen dem Körper angepasst und verstellbar sein. Lampen und Tageslicht dürfen keine Schatten werfen:

Bei Rechtshändern sollte das Licht von links einfallen, bei Linkshändern von rechts. Für die Zeitplanung benötigt man eine Uhr im Blickfeld. Computer und Handy lenken von der Arbeit ab. Kontrollieren Sie regelmäßig die Arbeitsmittel. Wörterbücher, Atlanten, Lexika und die To-Do-Box liegen immer griffbereit.

Pinnbrett – *Die* Planungszentrale

Ein Pinnbrett verschafft Überblick über schulische Termine und Aufgaben. Der beste Ort dafür ist in der Nähe des Schreibtischs, direkt im Blickfeld. Mit Pins oder Magneten heftet man schulische Termine ans Brett oder erinnert an den Kauf neuer Arbeitsmittel. Für den Wochen- und den Prüfungsplan muss es eine Platzgarantie geben. Das Pinnbrett macht auch Erfolgserlebnisse sichtbar: Hausaufgaben werden in Portionen zerlegt. Für jede Portion kommt ein Zettel an die Pinnwand, der abgenommen wird, wenn die Arbeit erledigt ist. Bild: Rob nutzt sein Pinnbrett auch im Freien.

Klassiker des Lernens

Cicero, Cäsar und Quintilian waren darin unerreichte Meister: Bei der Loci-Technik werden Karten, Klebezettel oder auch nur Gedanken mit Zimmern, Haus (Colosseum) oder Garten verortet. Mit dem Gedanken an den Ort kommt das Gelernte ins Gedächtnis zurück.
Es muss nicht nur am Arbeitsplatz gelernt werden. Beim Gedichtlernen oder der Vorbereitung von Referaten geht man gerne im Zimmer auf und ab. Dann ist das Gehirn um bis zu 30 % stärker durchblutet als im Sitzen. Goethe schrieb alle seine Werke am Stehpult.

Plan B – Beste Zeiten für das Lernen

Wer die Arbeit falsch organisiert, verliert viel Zeit: Es heißt, Zeit sei Geld. Tatsächlich ist Zeit noch viel kostbarer als Geld.

Pausen sparen Zeit? – Gar nicht paradox!

Pausen wirken wie Belohnungen, gliedern Hausaufgaben und beugen Lernhemmungen vor. Wenn das Hirn keine Zeit hat, Gelerntes richtig zu verarbeiten, kommt es zu Lernhemmungen. Dann löscht ein Lernprozess das zuvor oder danach Gelernte.

Wochenplan – Mit besten und festen Lernzeiten

Ein wichtiger Aspekt der Aufmerksamkeit ist die Wachheit, die im Tagesverlauf stark schwankt. Dieser Biorhythmus ist sehr individuell ausgeprägt. Deshalb entscheiden *Sie* und Ihr Kind, wann die besten Hausaufgaben-Zeiten sind. Manche Eltern bestehen auf sofortiger Erledigung, was nach einem Sechs-Stunden-Vormittag nicht optimal ist. Das Gehirn ist dann überlastet und weiß nicht mehr, was es speichern soll. In der müden Phase nach dem Mittagessen erhält es ohnehin wegen der Minderdurchblutung des Gehirns weniger Nährstoffe zugeführt. Es ist wenig bekannt, dass wir zwischen 16 und 19 Uhr noch einmal eine geistige Hochphase haben. Da das Gehirn auch im

Schlaf arbeitet, sollte man sich das Wiederholen, nicht das Lernen, des Gelernten kurz vor dem Schlafengehen zur Regel machen. Hier ein Zeitplan für beste und feste Lernzeiten – bitte groß kopieren!

WOCHENPLAN

FREIZEIT = GRÜN   VERPFLICHTUNGEN = BLAU   ARBEITSZEIT = ROT

Uhrzeit	Montag	Dienstag	Mittwoch	Donnerstag	Freitag	Uhrzeit	Samstag	Sonntag
13.30								
14.00								
14.30								
15.00								
15.30								
16.00								
16.30								
17.00								
17.30								
18.00								
18.30								
19.00								
19.30								
20.00								

Rhythmisierung von Hausaufgaben und Lernstoffen

Unser Gehirn liebt Abwechslung, z.B. durch Lernstoff-Wechsel und SMS-Regel. Lernstoff-Wechsel bedeutet, dass beispielsweise nicht zwei sprachliche Fächer nacheinander gelernt werden. Denken Sie an die große Ähnlichkeit von Vokabeln im Englischen und Französischen: colour und couleur. Es drohen Ähnlichkeitshemmungen.
Konzentrationskurven legen nahe, erst mit etwas Leichtem zu beginnen. So fällt der Einstieg in die Arbeit leichter. Das ist auch gut für den Kampf gegen den inneren Schweinehund. Sie erinnern sich an Aristoteles? *Der Anfang ist die Hälfte vom Ganzen*.
Ein letzter Tipp: SMS steht hier für den Wechsel von mündlichen und schriftlichen Hausaufgaben. Bild: Ein Hausaufgabenplan, der LSW, SMS, Pausentypen I und II und Aristoteles' Weisheit berücksichtigt:

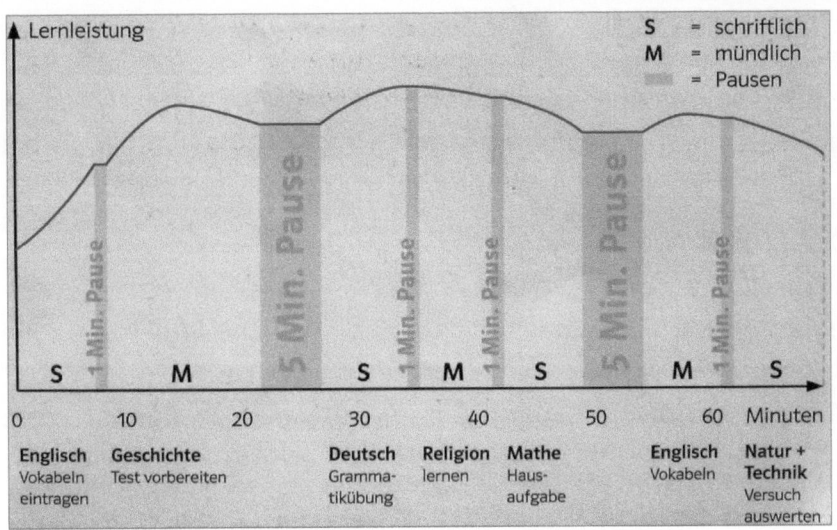

Prüfungsvorbereitung – Beispiel Englisch-Countdown

Phase 1: Lange vor der Prüfungsarbeit
Hausaufgaben: Mache sie gleich und vor allem selbst!
Mitarbeit bringt bessere Noten und Zeitersparnis. Daheim ist dann weniger zu tun.
Wiederholung: regelmäßig, richtiger Rhythmus, am besten mit Hilfe der Lernkartei
Termine: Plane die Termine für die 2. Phase am Pinnbrett!
Lern-Teams: Ideal für das Lernen miteinander, voneinander und füreinander sind Dreierteams.

Phase 2: Countdown – einige Tage vor der Prüfung
Stoffeingrenzung: Was genau ist Prüfungsstoff? Frage den Lehrer!
Stoffaufteilung: Wann ist was zu lernen? Plane einen Reservetag ein, verteile die Lernportionen und trage sie ins Zieltagebuch ein!
Lernen mit allen Sinnen: Skizzen, schreiben, erklären. Übe Aufgaben aus Heft und Buch! Nutze Dictionnary und Workbook!
Probe-Prüfung am vorletzten Tag mit Prüfungen des Lehrers aus früheren Schuljahren.

Phase 3: Letzter Tag vor der Prüfung
Abschließende Wiederholung: Plane nur noch kurze Wiederholungen! Lerne am Tag vor der Prüfung nicht zu viel!
Nachtruhe: Gehe nicht zu spät, aber auch nicht ungewohnt früh zu Bett. Dank guter Vorbereitung schläfst du ruhig ein und durch.

Phase 4: Der Prüfungstag
Morgens: Frühstücke normal, ziehe Wohlfühl-Klamotten an!
In der Schule: Meide Panikmacher, lasse dich nicht von Hektikern anstecken!
Vor der Prüfung: Du bist entspannt, du weißt, was du kannst. Yes, cou can.

Phase 5: Während der Prüfung
Eine Uhr liegt bereit: Setze dir Zwischenmarken! Setze Mini-Pausen und vergiss das Trinken nicht!
Lies die Aufgaben konzentriert durch, markiere Wichtiges und schreibe deine Ideen auf!
Beginne mit etwas Leichtem: Weißt du bei einer Aufgabe nicht weiter, gehe zur nächsten und komme später darauf zurück.
Nutze die Zeit: Korrekturen und Überprüfung der Ergebnisse
Form: Sauber zeichnen und durchstreichen. Schreibe lesbar!
Spicken kostet Zeit und macht nur nervös.
Plane kleine Belohnungen für die Zeit nach der Prüfung!

Zeitmanagement mit der ALPEN-Technik

Die ALPEN-Technik
So wird der Berg an Arbeit am besten bewältigt:
Nachkontrolle: Sind die Ergebnisse o.k.?
Entscheidungen: Setzen von Prioritäten
Puffer: Nur 60% der Zeit verplanen, Rest: Pausen
Länge: Den Zeitaufwand für jede Aufgabe einschätzen
Aufgaben im Hausaufgabenheft und auch im Wochenplan notieren

Das Wichtigste über die Lernorganisation

Die Organisation des Lernens hat eine zeitliche und eine räumliche Komponente. In Plan A finden Sie Wissenswertes über die Gestaltung eines zweckmäßigen und angenehmen Lern-Ambientes, in Plan B geht es um das Zeitmanagement.

Ein Fragebogen gibt Auskunft über Planungsstandards für das Arbeitszimmer. Die Empfehlungen für die Arbeitsplatzgestaltung sind mit den häuslichen Gegebenheiten abzustimmen.

Alle wichtigen schulischen Termine und Aufgaben sind am Pinnbrett vermerkt. Damit lassen sich auch Erfolgserlebnisse planen.

Das Lernplakat, zum Beispiel eine leicht löschbare und wieder beschreibbare Tafel, führt plakativ schwierige Lernstoffe vor Augen.

Die alten Meister des Lernens lehren uns, dass nicht nur am Schreibtisch gearbeitet werden muss. Die Loci-Technik und das Lernen im Gehen und Stehen sind höchst willkommene Abwechslungen zum Alltag am Schreibtisch.

Plan B steht für die zeitliche Strukturierung des Lernens durch sinnvolle Pausengestaltung, Lernstoff-Variation, SMS-Wechsel und den Einstieg mit etwas Leichtem: Der Anfang ist die Hälfte vom Ganzen, so Aristoteles.

Der Wochenplan ist eine sehr effektive Lernstrategie. Nach dem Prinzip der besten und festen Lernzeiten werden schulische und private Termine berücksichtigt. Empfehlenswert ist auch eine Wiederholungs-Viertelstunde am Samstagvormittag.

Wichtig ist auch ein klar gegliederter Countdown für Prüfungsvorbereitungen. Er setzt wichtige Lernstrategien in fünf Vorbereitungsphasen nach und nach um und könnte auch in Form eines Zieltagebuchs geführt werden.

Bewegung – Fit for Brain

Leben ist Bewegung und Bewegung ist Leben.

Braingym oder Brain-Gym?

Braingym und Brain-Gym haben verschiedene Bedeutungen: Brain-Gym steht für Übungen zur Harmonisierung der beiden Hirnhemisphären, Braingym allgemein für die Steigerung der Gehirnleistung durch Bewegung nach dem Motto: *Fit for Brain!*

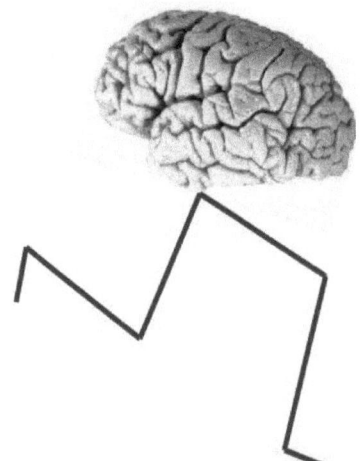

Brain-Gym

Nach Dennison kann Brain-Gym Ungleichgewichte beheben. Das würde die Kommunikation der Gehirnhälften verbessern. Kritiker sehen dagegen nur Placebo-Effekte. Fünf Übungsbeispiele:

Der ‚Elefant' für die Harmonisierung der Gehirnhälften
Sie stehen aufrecht und entspannt. Legen Sie das linke Ohr auf die linke Schulter, als ob Sie ein Telefon fixieren. Sie malen mit dem Zeigefinger des gestreckten Arms eine große liegende 8 in den Raum. Die Augen folgen den Fingerspitzen! Fünf Mal üben, links und rechts.

‚Überkreuzbewegung' für die Stimulierung der Stirnlappen
Sie gehen auf der Stelle. Ziehen Sie nun jeweils ein Knie hoch und führen Sie es zum Ellenbogen des angewinkelten Arms der anderen Seite! Linkes Knie zum rechten Ellenbogen und umgekehrt.

Die ‚Alphabet-Acht' gegen Schreibblockaden
Zeichnen Sie liegende Achten übereinander, ohne den Stift abzusetzen! Dann drei Achten mit der rechten Hand, drei mit der linken und drei mit beiden Händen zeichnen. Den Blick auf die Spitze des Stifts richten! Zuletzt drei Achten mit der besseren Hand und ein kleines a auf die linke Seite der Acht, dann drei Achten mit b rechts, drei mit c rechts und drei mit d links, am Ende drei normale Achten schreiben.

Der ‚Schwerkraftgleiter' für Koordination und Gleichgewicht
Sie sitzen bequem auf einem Stuhl, die Beine sind ausgestreckt, im Bereich der Füße überkreuzt, Knie leicht gebeugt. Langsam ausatmen und den Oberkörper weit nach vorn beugen. Arme sind gestreckt und parallel zu den Beinen. Einatmen, dann zurück in die ursprüngliche Sitzposition! Drei Mal üben.

‚Double-Doodle' für die Hand-Augen-Koordination
Sie brauchen ein großes Blatt Papier und nehmen in jede Hand einen Stift. Zeichnen Sie nun mit beiden Händen gleichzeitig und spiegelbildlich Figuren, geometrische Formen oder Wellen. Das Zusammenspiel von Augen, Fingern und kombinatorischen Zentren im Gehirn trainiert auch sehr effektiv der *Rubik's Cube*.

Ausgewählte Akupressur-Übungen

Positivpunkte für den Abbau von Prüfungsangst: Berühren Sie mit den leicht gespreizten Fingerspitzen von Zeigefinger und Mittelfinger beider Hände zwei Punkte, die zwischen Augenbrauen und Haaransatz liegen! Zehn Sekunden, nur leichter Druck.

Denkmütze für die Konzentration: Fassen Sie beide Ohrmuscheln mit Daumen und Zeigefinger und massieren Sie die Ohren von oben bis zum Ohrläppchen!

Magenmeridian-Übung: Beklopfen Sie mit den Fingerspitzen die Senkrechten von den Augen bis zum Mund!

Stärkung: Beklopfen Sie mit den Fingerspitzen die Brust seitlich!

Die Bewegung ist Leben – Das Leben ist Bewegung

Bekannte Geistesgrößen aus allen Wissenschaften und Epochen bewegten sich gerne und ‚bewegten' damit vieles:

Goethes Geheimnis, lange konzentriert zu arbeiten, war das Arbeiten am Stehpult. Das Universalgenie mit einem geschätzten IQ von 210 praktizierte schon vor 210 Jahren, was heute nachgewiesen ist: Das Gehirn wird im Stehen und Gehen um bis zu 30 % besser durchblutet als im Sitzen.

Auf einem Gemälde *Raffaels* wandeln Platon und Aristoteles angeregt philosophierend durch Hallen und Promenaden. Im Stillsitzen hätten sie bestimmt weniger Erkenntnis gewonnen.

Einstein ging ständig vor seiner großen Tafel auf und ab, um seine Theorien zu überprüfen und weiter zu entwickeln.

Auch wir nutzen das Phänomen des bewegten Lernens intuitiv: Beim Lernen z.B. von Gedichten hält uns nichts am Schreibtisch. Dank Bewegung fühlen wir uns geistig beweglicher.

Grundsätzlich sind alle Verbesserungen der Lernfunktionen mit der Beteiligung motorischer Zentren im Gehirn zu erklären. Man spricht von doppelter Kodierung. Die so genannte ‚gepaarte assoziative Stimulation' besteht aus motorischen und kognitiven Anteilen. Während der Kommunikation neuronaler Netze wirken die Signale von kognitiven und motorischen Arealen gleichzeitig auf die beteiligten Nervenzellen ein. So werden die Neuronenverschaltungen erhalten, gestärkt und neu gebildet.

Weitere Wirkungen von Sport und Bewegung

Sauerstoffversorgung und Bildung von Blutgefäßen.

Sportliche Bewegung erhöht die Durchblutung um bis zu 30 %. Dadurch entstehen neue kleinste Blutgefäße. Man beobachtet diese Kapillarisierung in der Großhirnrinde, im Kleinhirn und im Hippocampus. Die Proteine VEGF und IGF1 fördern die Neubildung kapillarer Blutgefäße. Bessere Gehirndurchblutung ist gut für das Gedächtnis und die Konzentration. Bewegungsmangel hemmt also das Lernen.

Neue Nervenzellen und Erhaltung neuronaler Netze

Regelmäßige Bewegung lässt im Hippocampus frische Nervenzellen heranwachsen. Diese früher nicht für möglich gehaltene Entdeckung hängt mit der durch Bewegung geförderten Aktivität des BDNF-Proteins zusammen. Aus Vorläuferzellen im Hippocampus werden tatsächlich neue Nervenzellen gebildet. Sie gelten als äußerst aktiv und ermöglichen somit bessere Gedächtnis- und Lernleistungen.

Der Hippocampus ist *die* Sammel- und Umlaufzentrale für alle eingehenden Informationen. Das Netzwerk unserer Nervenzellen kann auf die eingehenden Sinnesreize sehr flexibel reagieren. Neurowissenschaftler nennen die Fähigkeit der Neuronen, sich mit anderen jeweils bis zu 10000 Mal zu vernetzen, Neuroplastizität. Hohe Plastizität sorgt für die Langlebigkeit der Nervenzellen.

Der Botenstoff Dopamin ist der Schlüssel für die Bildung und Erhaltung dieser neuronalen Netze. Das Lernen wird durch Synapsenverbindungen ermöglicht, die vor allem durch Dopamin veranlasst werden. Bewegungsmangel stört also die fürs Lernen notwendige Bildung von Synapsen in allen Entwicklungsphasen. Durch Sport wird auch die Zahl der Aufnahmestellen für Dopamin gesteigert.

Versorgung mit Glückshormonen

Das ‚bewegte' Gehirn steigert die Aktivität von ‚Glücklichmachern', den Hirnbotenstoffen Serotonin, Dopamin und körpereigenen Opiaten und Morphinen. Ausdauersportler sprechen vom ‚Runner's High'. Die Botenstoffe Serotonin und Dopamin können euphorisch machen (Flow). Beide sind für die Bildung der synaptischen Verbindungen verantwortlich. Bewegung regt nicht nur den normalen Stoffwechsel sondern auch den Botenstoffwechsel an und hat großen Einfluss auf deren Aktivität. Sie fördern auch hormonelle Prozesse, die zu Stressabbau und zu psychischem und geistigem Wohlbefinden führen. Durch die ausgeschütteten Glückshormone wird die Aufmerksamkeit besser gelenkt und die Sinne werden stärker aktiviert.

Proteinsynthese und stabilere Neuronennetze

Durch Bewegung werden Eiweißbausteine produziert, die als Wachstumsfaktoren wie eine Art Dünger für das Gehirn wirken. Das Protein BDNF fördert das Wachstum von neuen Nervenzellen im Hippocampus, hilft beim Abspeichern im Langzeitgedächtnis und auch bei Gehirnerschütterungen. Das dank Sport vermehrt produzierte VGF stabilisiert die Neuronennetze und lindert sogar Depressionen.

Evolution und Gene contra Bewegungsmangel

Es ist offensichtlich, dass uns die Evolution auf ein Leben in Bewegungsarmut nicht vorbereitet hat: In der menschlichen Entwicklung war es der Normalfall, dass Glücklichmacher (Botenstoffe) und Hirndünger (Proteine) das Gehirn fit gehalten haben. Unsere Vorfahren waren täglich bis zu 40 km unterwegs, wir schaffen im Schnitt nur noch 1,5 km pro Tag! Unsere Gene wollen aber immer noch, dass wir uns bewegen. Ignorieren wir das, wird die nächste Stufe unserer Entwicklung ein übergewichtiger und geistig und körperlich unbeweglicher ‚Homo Sapiens Fastfoodiens' sein.

Verbesserte Kontrollfunktionen des Gehirns

Kontrollfunktionen wie Koordinieren, Planen, Konzentration und Reaktionsvermögen werden durch Ausdauersport verbessert. US-Forscher zeigten, dass Sport auch die Entscheidungsfreudigkeit steigert: Die Versuchspersonen reagierten nach einer Laufbandbelastung schneller und genauer auf die gestellten Aufgaben.

Voraussetzungen für die genannten Wirkungen

Regelmäßigkeit: Erlanger Forscher sehen 20 Minuten Sport dreimal wöchentlich als optimalem Trainingsreiz. Grundsätzlich werden Ausdauer- und dynamische Muskelbeanspruchungen als Voraussetzung genannt. Hanteltraining macht das Gehirn laut Erlanger Studie nicht fit. Amerikanische Forscher favorisieren dagegen ein kombiniertes Herz-Kreislauf- und Kraft-Training.

Überbelastung ist schädlich: Übertraining führt zur Rückbildung von Dendriten und des Hippocampus.

Angenehme Aktivitäten: Aufgezwungener Sport wird als Negativ-Stress empfunden. Studien haben ergeben, dass dann alle positiven Effekte ausbleiben. Vor allem bei Kindern ist darauf zu achten, dass sie ihren Sport gerne treiben.

Starke Repräsentation im Großhirn: Tennis, Volleyball (Bild), Basketball und Handball bieten besonders viele motorisch-koordinative Trainingsreize für starke Repräsentationen im Großhirn. Die Hände machen zwar nur 2 % des Körpergewichts aus, ihre Bewegungen sind jedoch in 60 % des Großhirns repräsentiert. ‚Hand-Sportarten' führen also zu mehr Neuroplastizität als andere.

Das Wichtigste über Bewegung und Lernen

Führen Sie Ihr Kind so früh wie möglich an Sportarten heran, die Freude machen. Bewegungserfahrungen tragen zur Entwicklung von Botenstoffsystemen, Neuronen-Neubildungen, Neuroplastizität, Proteindüngern und Hirndurchblutung bei.

Treiben Sie gemeinsam mit Ihrem Kind Sport, ganz zwanglos und unverkrampft. Falls Sie die Wahl haben: Bevorzugen Sie Sportarten, die fein koordinierte Handarbeit erfordern: Tennis, Volleyball, Tischtennis, Badminton, Handball, Basketball...

Denken Sie an Ihr Rollenmodell. Laut Weltgesundheitsorganisation WHO bewegen sich nur zwanzig Prozent aller Erwachsenen in ausreichendem Maße. Ändern Sie das *auch* im Interesse Ihres Kindes.

Wenig Bewegung verursacht und verstärkt Lernprobleme. Nutzen Sie Angebote von Vereinen und Instituten.

Viele Sportarten gibt es als Wahlunterricht in der Schule. Nehmen Sie über die Elternvertretungen Einfluss auf die Schule, das Konzept ‚Bewegte Schule' zu übernehmen oder beizubehalten.

‚Kinder begreifen diese Welt'. Neurowissenschaftlich bedeutet das: Das motorische Areal hat in der Entwicklung des Kindes eine Schlüsselposition inne, da es in alle Regelkreise der Handlungssteuerung und des Lernens eingebunden ist.

Wii-Sport und E-Sports können laut Studie der Universität Münster realen Sport nicht ersetzen. Es besteht sogar Suchtgefahr. Außerdem werden falsche Bewegungen automatisiert, die später das motorische Lernen im realen Sport erschweren.

Anhänger virtueller Spiele reklamieren für ihre Sucht oft die Förderung sozialer Beziehungen. Realer Sport kann das definitiv viel besser.

Computer – Virtuell die Welt begreifen?

Dummes Zeug kann man viel reden, kann es auch schreiben.
Wird weder Leib noch Seele töten. Es wird alles beim Alten bleiben.
Dummes aber vors Auge gestellt, hat ein magisches Recht.
Weil es die Sinne gefesselt hält, bleibt der Geist ein Knecht. Goethe

Ist der Computer wirklich nur Dummes, das uns ‚vors Auge gestellt' wird, um uns zu Knechten der Abhängigkeit oder Sucht zu machen? Oder geht es um unverzichtbare und bereichernde Techniken? Die erste Frage ist dann mit Ja zu beantworten, wenn Sie Dosis und Auswahl der Smartphone- und Computeraktivitäten Ihres Kindes nicht kontrollieren. Ein Ja aber auch zur sinnvollen Nutzung von IT.

Computer können das Lernen unterstützen

Schulische Computeraktivitäten

Informatik und Wirtschaftsinformatik sind z.B. in Bayern gut eingeführte Fächer: Internetrecherchen, Arbeitsplattformen wie Mebis, Datenbank-Systeme, computergestützte Fallanalysen, Simulationen, Plan- und Rollenspiele, Podcasts, virtueller Unterricht und virtuelle Klassenzimmer, Bearbeitungsprogramme für Videos und Fotos und die Arbeit mit Whiteboards und Notebooks sind gängige Routinen.

Standard sind auch Office-Programme wie *Word, Excel, Powerpoint, Open Office, XMind* für Mindmaps, *Moviemaker* oder *imovie* für Videobearbeitungen, *Photoshop* und *HDR* für Bildbearbeitungen, *Scribus* oder *Publisher* für journalistisches Schreiben und die Schülerzeitung, *Fischertechnik*-Programmierung für den Wahlunterricht mit *RoboPro, Gantt Project* für Projekte in Kursen und Seminaren, fachbezogene Programme wie *gegraph* für Mathematik, *fibulearn* für Rechnungswesen.

Wettbewerbe wie der Informatik-Biber, die LEGO League und viele andere fordern und fördern die Schülerkreativität.

Lern- und Hausaufgabenhilfen

Die Gehirnforscher sind sich einig: Das Lernen mit handgeschriebenen Spickzetteln oder Lernplakaten hinterlässt mehr Spuren im Gehirn als das Lernen mit ‚Tasten am Kasten'. Noch vor wenigen Jahren feierte man die Neuen Medien als modernen Nürnberger Trichter. Heute steht fest, dass auch mit virtuellen Trichtern die Lerninhalte nicht so einfach von der Außen- in die Innenwelt des Gehirns zu verfrachten sind. Als Lernhilfen sind sie aber allemal hilfreich.

Lernsoftware.de hilft Ihnen, den Markt zu sondieren. Feibel.de ist ein weiterer Ratgeber. Achten Sie beim Kauf von Lernsoftware auf das Siegel der *Unterhaltungssoftware Selbstkontrolle*, usk.de. Das *Institut für Medienforschung* fordert folgende Qualitätsmerkmale:

> Gute Lernspiele bieten Lernpausen. Kinder sollen täglich höchstens 45 Minuten vor Computern sitzen.
>
> Sie erläutern die Aufgaben akustisch und auch optisch und gehen mit den Spielsituationen auf die Erfahrungswelt der Kinder ein.
>
> Sie weisen auf andere Quellen hin und passen sich dem individuellen Lernfortschritt des Kindes an.
>
> Sie haben Gütesiegel und Auszeichnungen mit Medienpreisen wie Giga-Maus oder digita. Positivbeispiele:
> - *Löwenzahn 7+8:* Spiele, Filme, Lexika ab sechs Jahren
> - *Lauras Vorschule 1-4:* Kinder ab 4 Jahren setzen sich ohne Lesekenntnisse mit Zahlen, Buchstaben und Mustern auseinander.
> - *Oscar, der Ballonfahrer:* Mit der ausgezeichneten Spielreihe lernen Kinder ab vier Jahren Tiere aus aller Welt kennen.
> - *Mathica, Physicus, Geographicus, Informaticus* sind ideen- und lehrreiche Software mit günstigem Preis-Leistungs-Verhältnis.

Im Bereich schulischen Lernens empfiehlt sich Ergänzungs-Software zu eingeführten Schulbüchern. Fragen Sie nach Lizenzen an Ihrer Schule. Auch Schülerbibliotheken bieten gute Lernsoftware an wie …

CD-ROM-Lexika: Brockhaus Premium und *MS-Encarta* überzeugen in Naturwissenschaften und Geschichte.

Deutsch: Das Rechtschreibprogramm *GUT* ist wirklich gut.

Mathematik: Nutzen Sie prämierte Lernsoftware!

Latein: *Navigium* bietet Vokabel- und Grammatikfunktionen und auch konkrete Hilfen für Frageteile und Übersetzungen.

Englisch: Ideal sind die Ergänzungen zu eingeführten Schulbüchern wie *Greenline, Redline* usw.

Französisch: z.B. *Découvertes*, passend zum Buch

Naturwissenschaften (Physik, Biologie, Chemie): Hier werden multimediale Programme, so genannte Mediotheken, angeboten.

Geschichte: Deutschland seit 1945 erarbeitet historische Zusammenhänge mit Zeitreisen.

Religion: Religiopolis lädt zur Begegnung mit 5 Weltreligionen ein.

Geographie: Beispiele sind *TERRA, Erlebnis Erde* und *Phänomene der Erde*. Den Weltatlas gibt es ebenfalls auf CD-Rom.

Musik: Empfohlen wird *Amadeus*.

Informatik: Robot Carol, Download kostenlos.

Mindmapping: Kostenlose Basisversion von *XMind*.

Lernberatung online

Schauhin.info berät Eltern zu allen Themen der Medienerziehung. Eine gute Suchmaschine für Kinder ist blindekuh.de. 12 ++ ist die Verzweigung für junge Leute ab 12 Jahren. Zwölf weitere Top-Empfehlungen für Sie und Ihr Kind:

klicksafe.de	Informationen zur Sicherheit im Netz
klicksalat.de	Medientraining und Sicherheit im Netz
jugendschutz.net	Kontrolle der Netzinhalte
internet-abc.de	Informationen zu Spielen, Links und Chats
klicktipps.net	Informationen zu Internet-Adressen

sin-net.de	Bewertung von Internetseiten
seitenstark.de	Arbeitsgemeinschaft vernetzter Kinderseiten
maxwissen.de	Informationen des Max-Planck-Instituts
wissen.de	Wissensseite von ‚bild der wissenschaft'
spektrum.de	Wissenschaft online, Link Scilogs.de
focus.de	Spezieller Link zum Thema Schule
spiegel-online.de	Link zu Schule und Lernen

Computer – Zeiträuber mit Suchtpotenzial

Sie kennen Michael Endes graue Zeiträuber? Rauben sie auch Ihrem Kind die Freizeit? Dann unterstützen Sie die Heldin Momo im Kampf gegen die grauen Zeiträuber! Alle Giftwirkungen, auch die schleichende Vergiftung von Kinderhirnen, entstehen durch Überdosierung. Fall: *Nicos schulische Leistungen haben im zweiten Halbjahr stark nachgelassen. Er kommuniziert immer weniger und treibt kaum noch Sport. Nutzungsgrenzen haben nichts bewirkt. Kontakte pflegt er nur noch mit anderen World-of-Warcraft-Spielern.*

Nicos Probleme sind symptomatisch für diese vier Entwicklungen:

Computer machen Körper und Kopf krank: Weltweit registriert man eine Zunahme von Konzentrations- und Lesestörungen, Abstumpfung gegen Gewalt, Verhaltensstörungen, psychischen Problemen – Angst, Depression – sowie von schulischen Problemen.

Tötungs-Trainings-Software: Sie sollte die Tötungseffizienz von Soldaten steigern. Heute ist sie *die* Freizeitbeschäftigung unserer Jungs.

Nutzungs-Schere: Studien zeigen, dass die an Computern und Smartphones verbrachte Zeit zunimmt, IT-Kompetenzen dagegen abnehmen. Der Hype um soziale Netzwerke wird das verstärken.

Suchtgefahr: Kinder spielen als Counterstriker im Gott-Modus, chatten in reduzierten Sprachfetzen in WhatsApp, schicken sich Droh-

oder Mobbing-Filme – und die Eltern ahnen nichts von den drohenden Gefahren. Die Computersucht ist mit über einer Million Betroffenen weit verbreitet, Tendenz stark zunehmend. Diese Süchte sind laut Universität Chicago sogar stärker als die stofflichen. Suchtberatung bieten unter anderem rollenspielsucht.de, computersucht-berlin.de und suchtmittel.de

Gefahren neuer Medien – Internationale Studien

Digitale Demenz des Kurzzeitgedächtnisses

Der Überkonsum an Internet und Computerspielen verändert die Gehirne. Sie werden überreizt und durch eine Art digitale Demenz des Kurzzeitgedächtnisses bedroht. Man verlässt sich zu sehr und zu oft auf externe Speicher statt auf eigene Fähigkeiten. Auch lässt das Online-Dauerfeuer auf die Psyche Entspannung nicht mehr zu.

Bewegungsmangel und Fettleibigkeit

Unsere Kinder verbringen zehnmal mehr Zeit an Bildschirmen und Smartphones als mit Bewegung. Auch deshalb sind fast 50 % der Jugendlichen zu dick. Falsche Ernährung mit Fastfood und Süßem und dazu die sitzende Lebensweise bilden einen Teufelskreis.

Gewaltbereitschaft und Abstumpfung gegen Gewalt

Beim Erlernen von Gewalt wirkt sich Neuroplastizität auch mal negativ aus. Das wird verstärkt durch viele Wiederholungen, Identifikation (Ego-Shooter), Situierung und Belohnungen: Der für die Suchtentstehung verantwortliche Botenstoff Dopamin wird parallel zum Spielerfolg freigesetzt. Über die Hälfte der 10- bis 12-Jährigen spielt mit indizierten oder beschlagnahmten Computerspielen. Sie befehlen Armeen, die mit Maschinengewehren, Pump-Guns und schweren Waffen ausgerüstet sind. Die Eltern schauen meist weg. Aber Gewaltspiele hinterlassen tiefe neuroplastische Spuren durch …

... hochgradige Erregung
... das Imitationslernen, denn beim Sehen und beim Vollzug von Gewalt sind dieselben Gehirnzellen beteiligt
... Bahnungen im Gehirn
... Desensibilisierung wegen Reizüberflutung und vermindertem Einfühlungsvermögen

Die schrecklichen Massaker in Winnenden und Erfurt stehen für die langfristigen Auswirkungen des Gewaltdauertrainings. Sie wurden von Jugendlichen verübt, die im Gott-Modus in die Praxis umgesetzt haben, was sie zuvor mit *Quake* oder *Counter Strike* spielerisch gelernt haben. Bild: Blutige Phantasien eines 10-jährigen Counter Strikers an meiner Schule. So wie man mit Gewaltspielen die Hemmschwelle für gezieltes Töten bei Soldaten gesenkt hat, so funktioniert das nun auch bei Kindern, vor allem wenn sie noch sehr jung und/oder psychisch instabil sind. Sie trainieren mit der gleichen Software. Vier Theorien zu Sozialisationswirkungen digitaler Gewalt:

Stimulation: Ohnehin angelegte Gewalttendenzen werden durch die Medien geweckt und verstärkt.

Habitualisierung: Gewalttaten werden durch Übung als normal angesehen. Es besteht die Gefahr der Desensibilisierung und der Abstumpfung.

Inhibition: Die Nutzer empfinden Abscheu gegen Gewalt und immunisieren sich auf diese Weise gegen Gewalt.

Katharsis: Was man zuvor an virtueller Aggression abreagiert hat, braucht man real nicht auszuleben.

Aufmerksamkeitsstörungen und Reizüberflutung

Der Medienkonsum wirkt sich ungünstig auf die Ausbildung der Wahrnehmungsstrukturen von Kleinkindern aus. Die Evolution hat uns nicht auf die Aufnahme von sehr vielen gleichzeitig im Gehirn eintreffenden Sinnesreizen vorbereitet. Das erklärt auch die Zunahme von Aufmerksamkeitsstörungen: Selbst bei guten Lernprogrammen kommt es zu verarmten Sinneserfahrungen. Virtuelle, gleichzeitig eintreffende Bild- und Klangsoßen lassen uns die Welt nicht begreifen. Sie können reale Reize der Wahrnehmung, die nach und nach verarbeitet werden, nicht ersetzen. Die Welt kommt also nur durch reale Erfahrung in unseren Kopf. Eine weitere Einschränkung der Aufmerksamkeit ergibt sich durch nächtliches Killen und Ballern. In der Schule holt man dann den verpassten Schlaf nach.

Lese- und Schulleistungsschwächen

Schulprobleme ergeben sich auch durch die Konkurrenz im Zeitbudget. Jugendliche verbringen täglich mehr als 4 Stunden im Schnitt an Computern und Smartphones. Das Lesen wurde durch die Neuen Medien verdrängt. Lesedefizite wirken sich sehr negativ auf Schulleistungen aus: Das Textverständnis lässt nach, deshalb werden Aufgabentexte und Textaufgaben nicht mehr richtig verstanden.

Gefahren im Netz

20 % der 6-7-Jährigen, die Hälfte der 8-9-Jährigen und drei Viertel der 10-11-Jährigen erkunden neugierig das Netz. Ein Viertel besucht Websites mit pädophilen, gewalttätigen, pornographischen und politisch-radikalen Inhalten. Installieren Sie ein Filtersystem oder richten Sie den Browser so ein, dass nur kindgerechte Seiten zu öffnen sind! Melden Sie problematische Inhalte an bundespruefstelle.de oder jugendschutz.net.

Die Anonymität des Netzes (ver)führt immer mehr zu Cybermobbing, einer weit verbreiteten Psychoseuche unserer Zeit. Die Persönlichkeitsrechte von Cybermobbing-Opfern werden juristisch leider nicht ausreichend geschützt.

Verringerte Sozialkompetenz

Beim gemeinsamen Ballern und Killen entsteht zwar ein Wir-Gefühl, Sozialkompetenz wird damit aber nicht entwickelt: Wir sind für soziale Kontakte in der realen nicht in der virtuellen Welt geschaffen.

Aktuelle Süchte

Die Statistiken sind erschreckend: An meiner Schule ‚pflegen' Achtklässler im Durchschnitt 400 virtuelle Freunde. Allein für Social Medias wenden sie im Schnitt täglich 3,5 Stunden auf. Die Stressbelastung erhöht sich durch Standby, auch zur Nachtzeit. Weil Smartphones immer leistungsfähiger werden, sind Kinder und Jugendliche extrem darauf fixiert. Nichts anderes hat mehr eine Bedeutung. Ein sehr nachdenklich stimmender Cartoon zum aktuellen Smartphone-Hype stammt von Angel Boligan aus Mexiko. Er zeigt einen kleinen Jungen mit einem Fußball. Rund um den Fußballplatz sitzen sieben andere Kinder umher und sind nur auf ihre Handys fixiert. Ihr Blick ist nach unten gerichtet, der kleine Fußballer wird ignoriert. Boligan nennt seine Fiktion bzw. zunehmende Realität ‚Tod des Spiels'.

Das Wichtigste über die Computer-Nutzung

Denken Sie an Ihre Vorbildwirkung. Beginnen Sie rechtzeitig mit der Medienerziehung! Wenn erst mal Freunde und Peer Groups das Sagen haben, ist es für Maßnahmen wie Nutzungsbegrenzung und sinnvolle Auswahl von Inhalten zu spät.

Führen Sie Ihr Kind mit Interessenverknüpfungen, Musik, Sport und Hobbys an gute Programmier- und Kreativtechniken heran.

Legen Sie fest, welche Internetseiten und Spiele Ihr Kind nutzen darf – vertraglich, mit festgelegten Konsequenzen. *Der* Computersucht-Test: Eine Woche Entzug und dabei genau auf die Reaktionen achten. Websites zur Suchtberatung finden Sie im Text.

Verbote, die bei Freunden umgangen werden, sind schlechter als Nutzungsgrenzen, die überwacht werden: Schließen Sie Verträge!

Weisen Sie Ihr Kind auf die enormen Kosten von Lockangeboten hin (Klingeltöne). Illegale Downloads können teuer werden. Kontrollieren Sie Handyrechnungen auf nicht nachvollziehbare Kosten.

Installieren Sie Filterprogramme nach Anleitung von klicksafe.de. Klicksalat.de bietet gute Materialien rund um die Medienerziehung.

Kaufen Sie nur freigegebene und altersgerechte Spiele! Gute Spiele finden Sie auf internet-abc.de, sortiert nach Preisen, Genres und Alter. Spielen Sie das Spiel immer erst selbst oder lassen Sie es sich erklären! Ihr Kind sollte nicht vor dem Schlafengehen spielen.

Verbieten Sie Ihrem Kind, persönliche Daten über sich und die Familie weiterzugeben, auch nicht an gute Freunde! ‚Googeln' Sie öfter mal alle Namen durch. Bei unerwünschten Treffern bitten Sie den Webseiten-Betreiber, die Inhalte zu löschen. Verbieten Sie Treffen mit Webbekanntschaften! Benutzernamen dürfen nichts über die Identität Ihrer Familie verraten.

Ernährung – Intelligenz vom Teller löffeln?

Man ist, was man isst.

Kann man sich schlau essen?

Die englische Wortkombination Brainfood deutet einen Zusammenhang von Ernährung und Gehirnleistung an. Brainfood wird aber auch im Sinne von Denksport für die grauen Zellen, also von geistigem ‚Gehirnfutter' verwendet. Nach einer Untersuchung der Universität Chicago verbesserten sich die intellektuellen Fähigkeiten um durchschnittlich 30%, nachdem die Pausensnacks von Schülern nicht mehr aus Fastfood sondern aus Obst und Nüssen bestanden. Durch zu viel Fastfood kommt es zu einseitiger Ernährung mit Mangelzuständen, die nach dieser Untersuchung eindeutig zu Leistungseinbußen bei Konzentration und Gedächtnis führten.

Es steht nun fest, dass sich die Nervenzellen im Gehirn vermehren können. Diese Zunahme hängt jedoch vom Nährstoffangebot ab, weil das Gehirn, im Gegensatz zu Muskeln oder Fettgewebe, die von ihm benötigten Vitalstoffe nicht speichern kann. Deshalb läuft unser Gehirn, dieser komplizierte Lernmotor, nur dann wie geschmiert, wenn ihm essentielle Nährstoffe zugeführt werden.

Bausteine gehirnfreundlicher Ernährung

Wasser – König unter den Getränken

Absolute Nummer eins der Brainfood-Hitparade ist Wasser. Wir sollten täglich zwei bis drei Liter trinken. Fall: *Ein Schüler klagte über Kopfschmerzen und Konzentrationsprobleme gegen Ende des Vormittagsunterrichts. Seitdem er in den Pausen und im Unterricht mehr trinkt, sind die Symptome verschwunden.*

Sauerstoff und Nährstoffe kommen nur dann in den Gehirnzellen an, wenn wir genug trinken. Flüssigkeitsmangel erschwert dagegen die Hirndurchblutung. Ideal für die Flüssigkeitszufuhr sind Leitungs-

und Mineralwasser sowie Tees. Grüner Tee ist ein besonders wertvolles Fitnessgetränk: Er regt an und versorgt die Nervenzellen mit B-Vitaminen und schützenden Pflanzenstoffen. Für die Übertragung von Informationen im Hirn sorgen Mineralstoffe wie Magnesium und Kalzium. Entsprechend empfehlenswert sind Mineralwassersorten, in denen diese Mineralien gelöst sind. Saftschorlen sollten ungesüßt sein. Gesüßte Getränke wie Cola, Limonade und gezuckerter Fruchtsaft lassen den Blutzuckerspiegel erst kräftig steigen und schnell wieder sinken. Folgen sind Konzentrationsschwäche und Müdigkeit.

Kohlenhydrate – Mehrfachzucker fürs Gehirn

Das Gehirn macht nur zwei Prozent des Körpergewichts aus, verbraucht aber 20 % des Sauerstoffs aus der Atemluft und ebenso viel von der Energie, die wir durch die Nahrung aufnehmen. Kohlenhydrate sind die wichtigsten Energielieferanten. Sie werden in unserem Körper in Glukose umgewandelt. Fehlt den Nervenzellen dieser Kraft-Stoff, sinkt der Blutzuckerspiegel. Man fühlt sich matt, kann sich nicht konzentrieren und macht Leichtsinnsfehler. Man fühlt sich ausgepowert und das Gedächtnis lässt nach. Für eine gleichmäßige Energieabgabe sorgen nur die komplexen Kohlenhydrate aus Vollkornprodukten wie Brot, Nudeln, Reis, Müsli, Obst, Kartoffeln und Gemüse. Die enthaltenen Ballaststoffe regen im Gegensatz zu den Weißmehlprodukten die Verdauung an und steigern die Vitalität. Geben Sie Ihrem Kind an Prüfungstagen Obst, ungezuckerte Müsliriegel, Nüsse und Trockenfrüchte mit.

Traubenzucker und Zucker sind überschätzte Energiespender. Sie bewirken nur kurzfristige Energieschübe. Hohe Blutzuckerwerte sind schlecht für alle Gehirnfunktionen. Auch der juvenile Diabetes nimmt ernährungsbedingt zu.

Süßigkeiten gelten als Mineralstoffräuber. Deshalb leiden immer mehr Jugendliche an Osteoporose.

Eiweiß-Bausteine für die grauen Zellen

Damit Gehirnzellen ihre Informationen an andere übertragen können, brauchen sie Botenstoffe. Diese baut der Körper aus verschiedenen Eiweiß-Bausteinen auf, den Aminosäuren. Der wichtigste Gehirnbotenstoff oder Neurotransmitter ist Dopamin: Es sorgt für die Vernetzung kommunikationsfreudiger Gehirnzellen und wirkt als Motivator, indem es uns für Lernerfolge mit positiven Gefühlen belohnt. Darüber hinaus hilft Dopamin bei Speicherung und Transfer des Gelernten vom Kurzzeit- ins Langzeitgedächtnis. Ein Ungleichgewicht zwischen den Botenstoffen Serotonin und Dopamin tritt übrigens bei vielen psychischen Störungen auf. Allerdings ist strittig, ob das Ursache oder Wirkung ist.

Eier galten als Cholesterin-Bomben. Heute weiß man, dass hohe Cholesterinspiegel durch gesättigte Fettsäuren in Fleisch, Backwaren, Wurst und Milchprodukten entstehen. Eier sind also besser als ihr Ruf. Sie enthalten besonders viel Cholin. Die früher für ein Vitamin gehaltene Aminosäure hilft, das Acetylcholin aufzubauen, fördert die Signalübertragung in den Neuronen und stärkt alle Hirnfunktionen. Cholin wirkt auch dem Zellgift Homocystein entgegen.

Ein häufig unterschätzter Lieferant wertvoller Aminosäuren ist Soja. Auch Fleisch, Fisch, Gemüse, Hülsenfrüchte und Obst enthalten wichtige Eiweißbausteine. Diese Lebensmittel, außerdem Schokolade und Grüner Tee enthalten L-Aminosäuren. Man nennt sie ‚Moodfood', weil sie unsere Stimmung verbessern.

Fettsäuren – Ungesättigte bevorzugt

Unser Lernmotor Gehirn muss regelmäßig geschmiert werden. Gesättigte Fettsäuren aus Fleisch- und Milchprodukten gelten als schlechte Schmierstoffe. Sie sind auch wesentlich an der Bildung der Blutfette Cholesterin und Triglyzeride beteiligt. Allerdings sind sie nur schädlich, wenn sie im Übermaß verzehrt werden. Auch ein

Mangel ist problematisch. Ungesättigte Fettsäuren helfen beim Aufbau von Zellwänden und Hormonen sowie bei der Hemmung entzündlicher Prozesse im Gehirn. Sie halten unsere Gehirnzellen also gesund und leistungsfähig. Wertvolle Lieferanten der wichtigen Omega-3-Fettsäuren sind Seefische: Hering, Lachs, Thunfisch und Makrele. Pflanzenöle enthalten ebenfalls viele wertvolle Omega-3-Fettsäuren. Die Deutsche Gesellschaft für Ernährung empfiehlt Raps-, Leinsamen- und Olivenöl. Sie haben das günstigste Verhältnis von Omega-3- zu Omega-6-Fettsäuren. Außerdem schützen die Inhaltsstoffe des Olivenöls das Gehirn vor den gefährlichen Freien Radikalen. Sie treten überall auf, wo viel Sauerstoff verarbeitet wird.

Vitamine – Für mehr geistige Vitalität

Gemüse und Obst, am besten fünf Portionen am Tag, sind unsere wichtigsten Vitaminlieferanten. Die darin enthaltenen Vitamine C, E und die Vitamin-A-Vorstufe Betacarotin wirken wie Olivenöl als Fänger der Freien Radikalen und damit als Schutz für die Zellen, auch von Gehirnzellen. Besonders aktive Radikalenfänger sind Dörrpflaumen, Rosinen, Knoblauch und Beeren. B-Vitamine und Folsäure sorgen für die optimale Funktion unserer Nervenzellen und -bahnen. Sie sind natürliche Feinde des Gefäßkillers Homocystein, der Erkrankungen unseres Gehirns mit verursacht: Konzentrations- und Denkstörungen, Gehirninfarkt und Demenz. Bierhefe, Blattsalate, Tomaten, Weizenkeime und Nüsse enthalten sehr viel Folsäure. Nüsse, grüner Tee und Milchprodukte sind reich an B-Vitaminen.

Mineralien und Spurenelemente für das Gehirn

Ohne Kalzium aus Milchprodukten und Mineralwasser könnte die Datenübertragung im Gehirn nicht funktionieren. Genauso wichtig ist die Magnesiumzufuhr. Nach Lohmann und Bonhoeffer sind es lokale Kalziumsignale, die den Neuronen schnell die nötigen Informationen von anderen Zellen übermitteln, noch bevor Synapsen ausgebaut werden. Diese wechselnden Zellkontakte ermöglichen schnelleres Denken. Es würden Jahre vergehen, wenn immer erst Synapsen gebildet werden müssten. Mithilfe von Kalziumsignalen wird also geprüft, ob es sinnvoll ist, sich ewig zu binden.

Spurenelemente wie Eisen, Selen, Jod und Zink werden unterschätzt. Zu viel Eisen fördert zwar die Bildung Freier Radikaler, häufiger führt Eisenmangel jedoch zu Müdigkeit und Unkonzentriertheit. Darunter leiden viele Mädchen in der Pubertät. Fleisch, Fisch und Geflügel verbessern die Eisenaufnahme. Zinkmangel führt laut WHO bei jedem zweiten Weltbürger zu verminderter Abwehrkraft, zu Problemen im Zucker-, Fett- und Eiweiß-Stoffwechsel und zu eingeschränktem Knochen- und Muskelaufbau. Laut Penland-Studie werden durch Zink Aufmerksamkeit, Gedächtnis und Denkvermögen verbessert. Innereien und Milchprodukte enthalten viel Zink. Das reicht oft nicht aus, deshalb könnte man Zink ergänzend einnehmen.

Pflanzenstoffe – Naturdoping und Zellschutz

Pflanzenstoffe schützen die Gehirnzellen. Sie sind in Pflanzenölen, Gemüse und grünem Tee enthalten. In China setzt man auf ein Kraut gegen das Vergessen: Der Tee aus den Blättern von Huperzia serrata fördert die Gedächtnisleistung. Auch Ginseng und Ginkgo gelten als natürliches Gehirndoping. Algen wie Spirulina platensis sind wegen der enthaltenen Omega-3-Fettsäuren, Aminosäuren, Vitamine, Folsäure und Spurenelemente Geheimtipps für Ernährungsprofis. Auch Rosmarin hilft gegen Konzentrationsschwäche.

Intelligenzpillen – Künstliches Doping

Erschreckend sind neue Zahlen zum unkontrollierten Gebrauch von Gehirndoping wie Donezepil (gegen Alzheimer), Modafinil für mehr geistige Wachheit, Methylphenidat für die Verbesserung der Konzentration und Ampakin CX17 für ein besseres Gedächtnis. Nach einer Umfrage der New York Times nimmt ein Drittel aller Befragten diese Dopingmittel ein – ohne ärztliche Diagnose. In einer Umfrage der *Welt* hatten 43 % der Befragten keine Bedenken gegen Hirndoping. Erfahrungen aus dem Spitzen- und Fitnesssport lassen befürchten, dass geschluckt wird, was verfügbar ist und Erfolg verspricht. Skepsis ist angebracht: Risiken und Nebenwirkungen sind Abhängigkeiten und Persönlichkeitsveränderungen.

Freizeitdrogen-Trend – Komasaufen & Co.

Der Missbrauch von Freizeitdrogen hat Schlagworte wie *Komasaufen* und *Binge-Drinking* hervorgebracht. Immer häufiger werden Kinder zu Opfern. Alkohol schränkt Wahrnehmung und Reflexe ein, wirkt sich negativ auf Gehirn – Hemmung des Wachstums von Nervenzellen im Hippocampus – Herz, Kreislauf und Organe aus. Er stört auch den für das nächtliche Lernen wichtigen Wechsel von Tief- und Wachschlaf. Bedenklich ist, dass Alkohol eine allgemein akzeptierte Volksdroge ist: Zum Außenseiter wird, wer nicht mittrinkt – und das in allen sozialen Schichten. Die Grafik veranschaulicht die Risiken des Alkoholgenusses. Alkohol nimmt bei den sozialen Risiken (jeweils linke Säulen) Platz drei ein. Nikotin teilt sich bei den Suchtgefahren (jeweils mittlere Säulen) Platz zwei mit Kokain. Die hellen Säulen stehen für körperliche Schäden: Platz 3 für Alkohol!

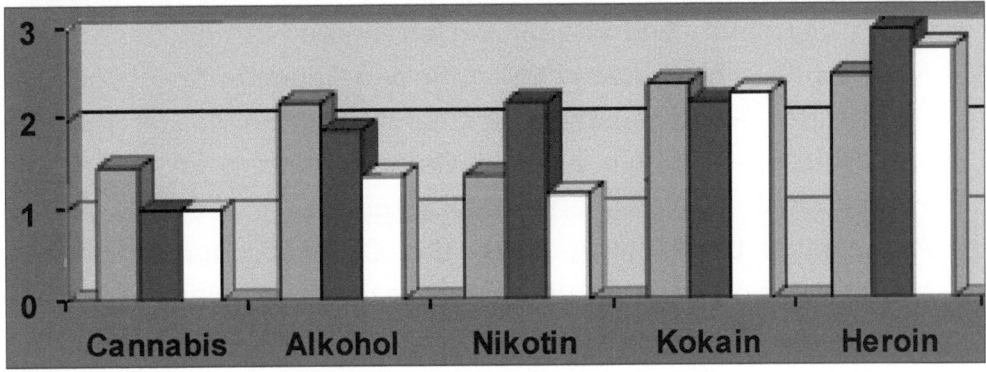

Top-Ten-Brainfood

1. *Wasser:* Wird das Blut zu ‚dick', kommen Sauerstoff und Vitalstoffe zu spät, nicht oder in zu geringem Maße im Gehirn an.
2. *Vollkornprodukte:* Komplexe Kohlenhydrate versorgen uns lange und gleichmäßig mit Energie. Tipps für die Prüfung: zum Frühstück Haferbrei, während der Prüfung Vollkornmüsli. Besonders wertvolle Getreidearten sind Dinkel und Hafer.
3. *Gemüse:* Es enthält Vitamine, Mineralien und Pflanzenstoffe für den Zellschutz. In den Pausen sind Gemüsesorten wie Kohlrabi oder Karotten schmackhafte Rohkost.
4. *Nüsse:* Zu Recht Studentenfutter genannt: Nüsse enthalten Vitamin E und B, ungesättigte Fettsäuren und hochwertige pflanzliche Eiweißbausteine. Reich an Vitalstoffen und Spurenelementen sind Para- und Walnüsse, Mandeln und Macadamia.
5. *Obst:* Obst hat ähnlich wertvolle Inhaltsstoffe wie Gemüse. Trockenfrüchte sind konzentriertes Gehirnfutter. Fünf Handvoll verschiedenfarbiges Obst und Gemüse sind die ideale Tagesration. One Apple a Day keeps the Doctor away!
6. *Soja:* Ungesättigte Fettsäuren, Lezithin und wertvolle Aminosäuren fördern den Gehirnstoffwechsel. Sojakerne für die Pausen.
7. *Fisch:* Omega-3-Fettsäuren und Aminosäuren verbessern die Gehirnleistung und schützen die Zellen.
8. *Milchprodukte:* Joghurt, Quark, Käse sind wichtige Kalzium-, Zink-, Vitamin A- und Vitamin B-Lieferanten.
9. *Mageres Fleisch:* Es liefert Eisen für den Sauerstofftransport, Mineralstoffe, Eiweißbausteine und Spurenelemente. Der Konsum von Fleisch sollte sich aber in Grenzen halten. Er fördert die Produktion des Gefäßkillers Homocystein.
10. *Pflanzenöle:* Leinsamen-, Raps- und Olivenöl – möglichst kaltgepresst – sind reich an Vitamin E, Lezithin und wertvollen Fettsäuren und Pflanzenstoffen.

Das Wichtigste über gehirnfreundliche Ernährung

Erstellen Sie nach dem Geschmack Ihres Kindes eine Pausenbrot-Hitliste. Berücksichtigen Sie die Top-Ten-Lebensmittel. Dafür müssen Sie die Ernährung Ihrer Familie nicht komplett umstellen. Es muss sich aber auch nicht alles um die Themen Essen und Kochen drehen. Mit kleinen Änderungen der Essgewohnheiten helfen Sie Ihrem Kind, leichter zu lernen.

Ein wichtiges Brainfood-Motto: Mehr Fisch auf den Tisch!

Setzen Sie mithilfe des Elternbeirats durch, dass an der Schule Ihres Kindes das Trinken im Unterricht erlaubt wird oder bleibt. Beeinflussen Sie auch die Pausen- und Mittagsverpflegung.

Sie sind das wichtigste Vorbild für die Essgewohnheiten Ihres Kindes. Das gilt besonders für den Umgang mit Süßigkeiten, Fastfood und den Freizeitdrogen Alkohol und Nikotin.

Komasaufen und Binge-Drinking nehmen beängstigend zu. Betroffen sind immer mehr Kinder und immer mehr Mädchen. Umfragen zeigen, dass Eltern die wichtigste Bezugsquelle für Freizeitdrogen sind.

Zum Fastfood: In den USA sind 75 % aller Kinder davon überzeugt, dass Fastfood besser sei als das Essen zu Hause. Die dem Fastfood zugesetzten Farbstoffe sind aber mitverantwortlich für die starke Zunahme von Aufmerksamkeitsdefiziten.

Bei uns ist fast die Hälfte aller Kinder und Jugendlichen zu dick. Das liegt an falscher Ernährung und zu wenig Bewegung.

Gehen Sie behutsam mit synthetischen Mitteln zur Steigerung der Gehirnleistung um. Es gibt keine Wirkung ohne Nebenwirkungen!

Gelegentliches Fasten entschlackt den Körper und stärkt die Willenskraft.

Fernsehen macht Kluge klüger, Dumme dümmer

Dummes vors Auge gestellt, hat ein magisches Recht.
Weil es die Sinne gefesselt hält, bleibt der Geist ein Knecht. Goethe

Dreifach-Gefahr

Die Kapitel-Überschrift, Zitat der Psychologin Hertha Sturm, steht für die Notwendigkeit der richtigen Auswahl von Sendern und Programmen. Die zweite und vielleicht noch wichtigere Ursache für viele Probleme ist die Überdosis. Sie macht Fernsehen zum Gehirngift. Die dritte Ursache: Kinder sind in ihren Handlungen und Entscheidungen vom familiären Umfeld abhängig. Kinder werden oft vor dem Fernseher ruhig gestellt – Babysitting im doppelten Sinn. Dazu der Text eines bekannten Cartoons. Mama: *Die Kinder schauen schon seit 7 Stunden fern.* Papa: *Hoffentlich hält der Fernseher das aus!*

Risiken und Nebenwirkungen

So melden sich prominenter Kritiker des Fernsehens zu Wort:
Roman Herzog sieht es als unendliche, ausweglose, schleichende Banalisierung und Trivialisierung, die die Hirne kaputt macht.
Für Jack Nicholson ist Fernsehen der Krebs unserer Zivilisation.
Graff prangert Kommunikations-Defizite an: Fernsehen unterhalte die Leute und verhindere, dass sie sich miteinander unterhielten.
Der Regisseur Fellini hält Fernsehen für eine Infektion der Seele.
Der Philosoph Sloterdijk sieht die von den Menschen geschaffenen Medien als Schöpfer der ihnen entsprechenden Menschen.
Haller: Fernsehen schrumpft den Kreis der Familie zum Halbkreis.

Aktuelle Medienforschung nährt diese Befürchtungen:
Jugendliche im Alter von 14 Jahren schauen im Schnitt 3,5 Stunden fern, in Bremen vier Stunden, in Bayern drei Stunden.
Seit Einführung des Privatfernsehens im Jahr 1984 stieg der Fernsehkonsum von 120 auf 220 Minuten im täglichen Mittel.

Schon Zwei- bis Sechsjährige sehen täglich im Schnitt zwei Stunden fern.

Spitzer: Der Zusammenhang des wachsenden Fernsehkonsums mit zunehmender Gewaltbereitschaft, weniger Sozialkompetenz, mehr Leseschwächen, Aufmerksamkeitsstörungen, Schulproblemen und Übergewicht ist weltweit statistisch nachweisbar.

Weiß: Um 22 Uhr sitzen noch 800.000 Kinder im Kindergarten- und Grundschulalter vor dem Fernseher, nach Mitternacht immer noch 50.000. Kinder mit eigenem Fernseher im Zimmer sehen 5,5 Stunden pro Woche mehr fern als andere.

Folgen übertriebenen Medienkonsums

Übergewicht und erhöhte Blutfettwerte

Zu viel fernsehen macht die Köpfe *und* den Körper krank. Jugendliche verbringen zehn Mal mehr Zeit vor dem Bildschirm als mit Bewegung im Freien. Zunehmende Fettleibigkeit in Abhängigkeit von übermäßigem Fernsehkonsum wurde zuerst in den USA festgestellt. Zu ähnlichen Ergebnissen kommen nun auch europäische, japanische und chinesische Studien: Die Wahrscheinlichkeit, übergewichtig zu werden, nimmt mit jeder Stunde zusätzlichen Fernsehens pro Tag um den Faktor 1,2 zu, übergewichtig zu bleiben sogar um den Faktor 1,3. Das bedeutet, dass ein Kind mit sechs Stunden TV-Konsum gegenüber einem, das nur eine Stunde fernsieht, knapp dreimal stärker von Übergewicht und bleibender Fettleibigkeit bedroht ist. In den USA gab es Untersuchungen mit den plakativen Titeln *‚Do we fatten our children at television set'* und *‚Supersize Me'*: 65 % der Kinder sind demnach übergewichtig (1994 noch 56 %) und 31 % krankhaft fettleibig (1994 nur 23 %). Der Risikofaktor für erhöhte Blutfettwerte ist bei genetischer Veranlagung 1,6, bei einem Fernsehkonsum von zwei bis vier Stunden täglich schon 2,2 und bei mehr als vier Stunden sogar 4,8, also dreimal höher als das genetische Risiko. Das bestätigt auch eine Studie aus Neuseeland: Je größer der Fernsehkonsum, desto größer ist das Übergewicht, desto geringer ist die Fitness und desto höher sind Blutfettwerte und Blutdruck. Vielseher rauchen auch häufiger und ernähren sich grundsätzlich ungesünder.

Aufmerksamkeits- und Wahrnehmungsstörungen

Die Seattle-Studie erforschte den Zusammenhang eines zu hohen Fernsehkonsums im Alter von 1,8 bis 3,8 Jahren mit Aufmerksamkeitsstörungen im Alter von sieben Jahren. Medienwirkungen haben eine Verzögerung von etwa fünf Jahren. Kleinkinder, die zu viel fernsehen, haben verarmte Wahrnehmungs-Erlebnisse, die sich sehr ungünstig auf die Formung des Gehirns auswirken. Die Fähigkeit der Nervenzellen zur ständigen Anpassung seiner Verbindungen an den Gebrauch nennt man Neuroplastizität. Zweidimensionale Darstellungen tragen dazu nicht bei. Supperadditivität, also sich verstärkende Gedächtnisspuren, bleiben bei unscharfen und ungenauen Wahrnehmungen aus. Es kommt zu unklaren Strukturen im kindlichen Gehirn. Das machen die folgenden Zeichnungen auf drastische Weise deutlich: Oben sehen Sie Bilder von Kindern, die weniger als eine Stunde täglich fernsehen, unten Bilder von gleichaltrigen Kindern, die täglich über drei Stunden fernsehen. Beachten Sie die De-

tails von Gesichtern, Füßen und vor allem Händen. Bildschirme können noch so bunt strahlen, das Bild ist flach und im Vergleich zur Realität arm. Es riecht nicht, schmeckt nicht, lässt sich nicht be*greifen* und ist für Kinder auch dann schädlich, wenn die originellste Kindersendung, der tollste Tierfilm und die wertvollste Wissenssendung laufen. Ursache dafür ist die multimodale Reizverarbeitung, zum Beispiel Hör- und Sehreize für das Sinnes-Gedächtnis: Werden Hören und Sehen durch Bildschirm und Lautsprecher entkoppelt, ergeben sich daraus Störungen der Wahrnehmung und der Lenkung von Aufmerksamkeit. Ein Ergebnis der Zwillingsforschung ist, dass Überkonsum von Medien mehr als bisher vermutet für das Auftreten von Konzentrationsstörungen verantwortlich ist. Eine Beeinträchtigung der Wahrnehmung ergibt sich auch durch eine Überstimulation mit zu schnellen Bildfolgen. Das Bildfolgetempo in Film und Werbung hat sich in den letzten 20 Jahren mehr als verdoppelt. Auf Barry Lyndon, ein Film-Experiment von Stanley Kubrick mit sehr langen und langsam folgenden Bildsequenzen, würden Kinder und Jugendliche heute eher ungeduldig reagieren. Die Schönheit der Bilder entfaltet sich aber tatsächlich erst durch längeres Hinsehen. Kubrick ließ sich für einige Aufnahmen – z.B. Lady Swindon im vom Wind wellenartig bewegten Kornfeld – bis zu vier Wochen Zeit.

Lesestörungen und Schulleistungsprobleme

Mit der Einführung des Privatfernsehens 1984 kam es zu einer Verdrängung der Print-Medien. Deshalb wird heute 83 % mehr fern gesehen und 18 % weniger gelesen als 1984. Je nach Erhebung beträgt die Lesezeit im Mittel nur noch 13-18 Minuten täglich. In der Ennemoser-Studie wurde die Korrelation von hohem Fernsehkonsum und Leseproblemen von Grundschulkindern eindeutig nachgewiesen. Kinder, die zu viel fernsehen, lernen schlechter lesen. Ein leicht nachvollziehbarer Teufelskreis: Wer viel fernsieht, liest nicht gut, deshalb nicht viel und nicht gerne, sieht auch deswegen noch mehr fern usw. Ennemoser konnte alle anderen Einflüsse ausschließen. Es liegt also allein an der Überdosis Fernsehen im Kindergartenalter, wenn in der Grundschule schlecht gelesen wird. Es liegt nahe, dass Fernsehen der Lesekompetenz von Kindern mit geringer Intelligenz deutlich mehr schadet als der von Kindern mit hoher Intelligenz. Lese-Rechtschreib-Schwächen sind also auch mit hohem Fernsehkonsum zu erklären. Diese Schwächen sind wieder Ursache für noch mehr fernsehen usw. – ein weiterer Teufelskreis. Die Lesekompetenz ist die Mutter aller Kompetenzen. Ohne Text- und Leseverständnis sind die Sprachen, aber auch die Textaufgaben und Aufgabentexte nicht zu erschließen. Vielseher haben im Schlüsselfach Deutsch eindeutig schlechtere Noten. Der Stressfaktor Fernsehen ist Ursache für weitere Probleme in der Schule: EKG-Studien von Myrtek und Scharff machen deutlich, dass der von vielen zitierte Schulstress praktisch nicht existiert, dafür aber der nachmittägliche und abendliche ‚Fernsehstress'. Die Schüler sind außerhalb der Schulzeiten sehr aufnahmebereit für das Lernen von Gewalt, Casting-, Soap-, Schmuddeltalk- und Reality-Soap-Schwachsinn. Es wird bis spät nachts ferngesehen. Die für das Lernen so wichtigen Tief- und Wachschlafphasen entfallen. Stress durch Gewaltdarstellungen kurz vor dem Schlafengehen stört den Schlaf zusätzlich. Das führt in der Schule zu Konzentrationsproblemen, schlechter Mitarbeit und absinkenden Leistungen.

Problematisches Sozialverhalten

Haller: Das Fernsehen schrumpft den Kreis der Familie zum Halbkreis. Nach Myrtek und Scharff führen Vielseher weniger Gespräche, sind häufiger allein und verbringen weniger Zeit mit Freunden. Auch die Zeit für soziale Kontakte ist eingeschränkt. Die Verarmung von Kommunikation in Familie, Freundeskreis und Schule kann zu sozialem Rückzug, Angst und Depressivität führen. Zu viel Fernsehen behindert also auch soziales Lernen. Nach Kimball ist man eher geneigt, die Dinge des Lebens oberflächlich aufzunehmen. Es wird weniger kritisch nachgedacht und so wächst die Gefahr, einfache Rollenstereotypien bei Einstellungen zu Frauen oder Ausländern zu übernehmen. Das Weltbild unserer Kinder wird auch immer mehr durch lernpsychologisch geschickt aufbereitete Werbung geprägt. Werbeinhalte gehören heute zum bestgelernten überhaupt: Sie wirken multimodal und mit vielen Wiederholungen auf die Gehirnentwicklung ein, insbesondere auf Bedeutungs-, Sprach- und Wertezentren. Werbung kann amüsant und kreativ sein, aber auch Werte vermitteln, die bedenklich sind: *Geiz ist geil* ist nur einer davon.

Das Lernen von Gewalt

Spitzer zitiert eine Schätzung: Hätte man Bildschirme nie erfunden, gäbe es in den USA jährlich 700.000 Gewaltdelikte weniger. So sah nach Lukesch die Welt des Fernsehens in Deutschland aus (2004):

3-13-jährige schauen bevorzugt fern, wenn Gewalt im Spiel ist.

Anteile der Gewalt: Musik-Videoclips 87,5 %, Kindersendungen 9,9 %, Serien/Spielfilme 6,2 %, Informationssendungen 4,2 %.

Gewalt kommt in 78,7 % der Sendungen vor, in den 90-er Jahren nur in 47,7 %.

Der Anteil der Gewaltszenen bei öffentlich-rechtlichen Sendern ist 4,2 %, bei den Privaten 5,8 %.

In 26 % der Fälle gibt es negative Konsequenzen für Gewalttäter, in 35 % keine. In 13 % der Fälle sind die Konsequenzen sogar positiv. Gewaltakte werden als attraktives Rollenmodell dargestellt.

Fernsehgewalt führt eher zu realer Gewalt, wenn …

- der Aggressor sympathisch wirkt und die Gewalt moralisch gerechtfertigt wird
- das Opfer als feige und böse dargestellt wird
- die Gewalt durch enge soziale Beziehungen gerechtfertigt wird

- die Gewalt belohnt, grundlos angewendet und sehr realistisch dargestellt wird
- TV-Täter und Zuschauer und TV-Opfer und reales Opfer einander sehr ähnlich sind

Unser Gehirn kann nichts anderes als lernen, also auch beim Sehen von Gewaltfilmen. Kinder lernen noch schneller als Erwachsene regelhafte Zusammenhänge von gesehenen Beispielen. Gewaltakte sind für das kindliche Neugierzentrum besonders attraktiv. Das verstärkt die natürliche Aufmerksamkeitslenkung, bei Gewaltdarstellungen kann also gar nicht weggesehen werden. Ein hohes Erregungspotenzial, erkennbar am EKG und an der Pulsfrequenz, steigert Aufmerksamkeit, Lernbereitschaft und Lernfähigkeit. Da im Fernsehen der Gewaltkonsum zu später Sendezeit zunimmt, kommt nächtliches Wiederholungslernen von Gewalt in den Tiefschlafphasen noch hinzu. Versuche mit Pulsfrequenzmessungen weisen die Abstumpfung gegen Gewalt nach: Sonst übliche Frequenz-Erhöhungen nehmen bei Vielsehern mit dem Umfang des Gewaltkonsums ab. Ob man dann auch gewalttätig wird, hängt von der psychischen Stabilität und der Dosis der konsumierten TV-Gewalt ab. Johnson wies in den USA einen Zusammenhang zwischen der Dauer täglichen Fernsehkonsums und später verübten Gewalttaten nach.

Fernsehen als eine Art Religion

Nach Hickethier hat das Fernsehen für viele Menschen auf zeitlich-struktureller Ebene die Aufgaben von Religion übernommen. Damit entstehe Sinnstiftung in einer oft ‚sinnlos' erlebten Umwelt, Orientierung in der als unübersichtlich erfahrenen Welt und vor allem eine Ritualisierung des Alltagslebens durch die mediale Zeit-Strukturierung. Tatsächlich reagieren viele 9- bis 90-Jährige sehr gereizt, wenn sie zu den ‚geheiligten Fernsehzeiten' – bei Soaps ist das von früh morgens bis spät abends – angerufen oder besucht werden.

16 Schau-dich-schlau-Sendungen für Kinder

Sendung mit der Maus: Lach- und Sachgeschichten mit Maus, Elefant und Ente; ARD/KIKA für Kinder ab 4 Jahren

Löwenzahn: Die Themen werden von Fritz Fuchs originell aufbereitet. Die Nr. 1 bei 7- bis 11-Jährigen im ZDF

Sesamstraße: Mix aus Wissen, sozialem Lernen und Unterhaltung mit Muppets, Ernie & Bert und dem Kult-Motto: wer, wie …

Wissen macht Ah! Ah(a)-Erlebnisse für Kinder, KIKA/WDR, ab 8 J.

Dora – The Explorer: Vermittlung von fremdsprachlichen, mathematischen und motorischen Fähigkeiten; Kinder ab 3 J.; ORF/Nick

Forscherexpress: Naturwissenschaften entdecken, erforschen, erleben, selber machen; Nick/ORF für Kinder ab 6 Jahren

Ralphi: Der Schlaubär Ralphi unternimmt Wissensreisen jeweils aus zwei Blickwinkeln. Für Kinder ab vier Jahren bei BR Alpha

Willis Quiz Quark Club: Wahre und erfundene Geschichten

Willi will's wissen: Experimenten und Experten vor Ort; Aufbereitung für verschiedene Lerntypen; Kinder ab 6 J. bei ARD/KIKA/BR

Willis VIPs: Interessante Persönlichkeiten, BR 3

Pur+: Naturwissenschaftliche Experimente für Kinder ab 8 J.; ZDF

1, 2 oder 3: Themen-Spielshow von ZDF und KIKA, ab 8 Jahren

KIKA Live: Unterhaltungssendung mit zwei Moderatoren

Logo (KIKA), Neuneinhalb (ARD): Kindernachrichten

Wir testen die Besten: ARD-Quizshow ab 10 Jahren

16 Schau-dich-schlau-Formate für Jugendliche

Alpha Centauri (BR), Abenteuer Forschung (ZDF), Abenteuer Wissen (ARD), Terra X (ZDF), Quarks & Co. (WDR), W wie Wissen (ARD), Wissen vor 8 (ARD), nano (3sat), alles Wissen (HR), Wissen (N24),

Kronzuckers Wissen (N24), Planet Wissen (WDR), Kopfball (ARD), Clever (SAT1), Geo-Reportage (ARD), BBC Exklusiv (VOX). Spartensender mit thematischen Schwerpunkten: BR Alpha, History Channel, ZDF-Dokukanal, National Geographic, Animal Planet, Discovery, Spiegel TV, ARTE, Phoenix, N24, dritte Programme der ARD. Scinexx.de informiert aktuell über gute Sendungen und Formate.

Das Wichtigste über das Fernsehen

Beim Medienkonsum orientieren sich Kinder früh an den Gewohnheiten Ihrer Eltern. *Sie* sind also das wichtigste Rollenmodell.

TV-Geräte haben im Kinderzimmer nichts zu suchen. Ein Grund ist der TV-Zusatzkonsum von 5,5 Stunden pro Woche. Die Risiken und Nebenwirkungen dieses Mediums sind dosisabhängig. Begrenzen Sie das Fernsehen je nach Alter auf 0,5 bis 1,5 Stunden.

Auf Scinexx.de finden Sie aktuelle Informationen zu guten Sendungen. Flimmo.de bietet Wissenswertes zur Medienerziehung.

Aufmerksamkeits- und Lesestörungen ergeben sich mit Verzögerung zwangsläufig, wenn Kinder vom Fernseher betreut werden.

Kinder und Jugendliche lernen besonders gut, wenn die Dinge bedeutend sind und häufig wiederholt werden. Beides liegt beim Lernen von Gewalt im Fernsehen vor. Der Effekt hängt von der konsumierten Dosis ab. Achten Sie auf die Auswahl der Programme!

Durch die Wiederholungen in den Schlafphasen ist das Gewaltlernen vor dem Schlafengehen besonders effektiv.

Bieten Sie andere Möglichkeiten, die Neugier Ihres Kindes zu befriedigen: Gespräche, Spiele, Rätsel, Sport, Musik, Zoo, Museen, Ausstellungen und Natur. Die Konkurrenz für das Passiv-Medium Fernsehen ist die aktive Beschäftigung von Gehirn & Geist.

Fördern Sie vor allem das ‚Anti-Sucht-Programm Lesen'!

Jungen – Das neue schwache Geschlecht?

Eine kleine Geschichte der Em(m)anzipation

Schwarzer: *Koedukation macht Mädchen dumm*. So ließ die Chefredakteurin von Emma noch in den 80er Jahren titeln, um für eine feministisch geprägte Pädagogik zu werben.

Die neue ‚Mädchen-Pädagogik' hat diese Forderungen so konsequent umgesetzt, dass nun die Jungen als Verlierer der pädagogischen Zeitenwende gelten. Dafür sprechen auch diese Buchtitel: *Kleine Helden in Not, Kleine Jungs – große Not, Boys' Crisis, Männlichkeitslücke, Die Jungenkatastrophe*. Der Wirtschaftswoche-Leitartikel in Heft 44/07 lautete gar: *Wie die Schulen unsere Jungs verdummen*.

Nun gibt es Anzeichen einer Gegenbewegung. Zufällig hieß auch der erste Jungenbeauftragte der Stadt München im Jahr 2002 Schwarzer. Girls' Days werden seit einigen Jahren durch Boys' Days ergänzt und die Universität Hohenheim warb für ihren ersten Boys' Day 2005: *Willst du der eine sein, dann studier' in Hohenheim*. Was hat in wenigen Jahrzehnten selbstbewusste Lausbuben zu verunsicherten ‚Problembärchen' gemacht? Ist unser Bildungssystem männerfeindlich geworden? Macht Koedukation nun die Jungen dumm?

Diagnosen der aktuellen Situation

PISA-Initiator Baumert liefert Besorgnis erregende Befunde: In der Summe aller bewerteten Fähigkeiten – Lesekompetenz, Naturwissenschaft und Mathematik – sind die Mädchen überlegen. Die beiden letzten Kompetenzen galten lange als Männerdomänen.

Jungen bleiben doppelt so oft sitzen, fliegen doppelt so oft vom Gymnasium, landen doppelt so oft an Förderschulen, stellen nur 46 % der Abiturienten, dafür aber 72 % der Schulabgänger ohne Abschluss. Der Abi-Schnitt ist um eine Drittelnote schlechter und bei Zahl und Qualität von Studienabschlüssen fallen sie zurück.

Medizinisch-psychologische Befunde: Jungen sind bis zum 11. Lebensjahr gesundheitlich anfälliger, psychisch weniger belastbar, begehen mehr Selbstmorde, stellen einen Anteil von 95 % an den Verhaltensstörungen, haben mehr Lese-Rechtschreib-Störungen und die Spielsucht ist fast ausschließlich ein Männerproblem.

Auch Jugendprobleme sind zu 95 % Jungenprobleme – Aggression, Gewalt und Radikalismus. Bei über 29% der Jungen, aber nur 19% der Mädchen ist das Leseverständnis schlecht ausgeprägt.

Ursachendiskussion zur ‚Boys' Crisis'

Als Hauptursache gilt ein jungenfeindliches Klima im Bildungssystem. Bergmann sieht an allen Schularten ein verhuscht-weibliches Klima, verursacht durch die vorherrschende Antimännlichkeits-, Antikörperlichkeits- und Antigewalt-Erziehung. Die *70-er-Jahre-Wohlfühl-Kuschel-Pädagogik* gehe den Jungs dermaßen auf die Nerven, dass sie mit Verweigerung und Verhaltensauffälligkeiten reagierten. Die Schule von heute sei für Mädchen gemacht und verlange von Jungs all das, was sie nicht können: *Gleichmäßiges und Regelmäßiges in einer wahren Lust von Ordnung*, so Bergmann.

Häufig wird auch der Verlust des männlichen Elements in der Familie als Ursache ausgemacht. Immer häufiger müssen Jungen in ihren ohne ‚Bevaterung' auskommen. Väter stehlen sich aus der Verantwortung, nicht nur durch physische sondern auch durch psychische Abwesenheit: Laut einer Studie reden Väter im Mittel weniger als zwei Minuten täglich mit ihren Kindern. Parallel dazu werden männliche Bezugspersonen im Erziehungssektor immer seltener: An den Vorschulen sind nur 4 % des Personals männlich, an Grundschulen 14 % und an den anderen Schulen knapp 30 %, Tendenz sinkend. Wie wichtig Rollenvorbilder bis zum Alter von 14 Jahren sind, ist nachgewiesen. Modelllernen zum Entwickeln angemessener Männlichkeitsrollen wird den Jungen weitgehend vorenthalten. Dazu komme, so Bergmann, dass sich zu viele männliche Erzieher den weiblichen Verhaltensmustern anpassten und deshalb nicht als Vorbilder in Frage kämen. Jungen provozieren in der Schule vor allem dann, wenn sie ihre Lehrkräfte als schwach erleben. Wie sollen aber starke Lehrer-Biografien entwickelt werden, wenn Junglehrer aus existenziellen Gründen ihre Energie vor allem dem Erreichen von Staatsnoten widmen müssen.

Motivation, Lernorganisation und Arbeitsverhalten sind wichtige Modulatoren des Lernens. Mädchen haben bei diesen Stützfaktoren erziehungsbedingte Vorteile. Außerdem neigen sie zu mehr Anpassung an Erwartungen von Eltern und Lehrer und profitieren von frühen Rollenprägungen und häuslicher Erfahrung mit der Organisation von Arbeit.

Für Jungen hat der Schulerfolg weniger Bedeutung als für Mädchen. Man spricht von einem multithematischen Selbstbild: Jungen stärken es eher durch außerschulische Erfolge. Das ist gut für die Psyche, nicht aber für Motivation und Schulerfolg.

Typische Unterschiede gibt es auch bei den Einstellungen zum Lernen und zur Schule. ‚Schulunlust' ist eine der vier Dimensionen des Angstfragebogens für Schüler (AFS). In der Schulberatung fällt auf, dass Jungen öfter als Mädchen ankreuzen *‚Was ich in der Schule lerne, kann ich später im Leben nicht brauchen'* und *‚Schule ist langweilig'*. Das sind Geschlechterrollenstereotypien: Jungen kokettieren mit einer coolen ‚Anti-Haltung', um sich von den angepassten Mädchen abzugrenzen.

Der britische Forscher Baron-Cohen sieht Unterschiede in der Dominanz der Hirnhälften. Das männliche ‚System-Hirn' sei mehr von der linken logisch geprägten Hälfte bestimmt. Das erkläre die Bevorzugung von Naturwissenschaft und Technik. Bei den Frauen dominiere das sogenannte ‚Empathie-Hirn', das mehr für Gefühle zuständig sei.

Die Interessen seien deshalb auf die Sozial-, Sprach- und Geisteswissenschaften ausgerichtet.

Das *Staatsinstitut für Frühpädagogik* sieht Mädchen im Vorteil, weil typisch weibliche Kompetenzen wie Kommunikations- und Teamfähigkeit immer wichtiger für Schule, Studium und Beruf werden.

Die meisten der für die Sprachverarbeitung zuständigen Gehirnregionen befinden sich in der linken Gehirnhälfte. Wortschatz, Metaphern und Sprachbilder werden aber mit der rechten Gehirnhälfte erarbeitet. Für die Verbindung der beiden Hemisphären sorgt der Balken, Corpus callosum. Der weibliche Balken hat 15 Prozent mehr Nervenfasern.

Es gibt auch einen gravierenden Unterschied in der Verarbeitungstechnik von Informationen im Gehirn: Weibliche Hirne arbeiten überwiegend mit der weißen Gehirnsubstanz, männliche Gehirne mit der grauen. Für dieselbe Gehirnleistung ist bei Männern gegenüber Frauen das 6,5-fache der grauen Substanz, bei Frauen gegenüber Männern das 10-fache der weißen Substanz aktiv.

Der größte schulische Wettbewerbsvorteil von Mädchen ist die Lesekompetenz. Mehr als 70 % aller ‚Gernleser' sind Mädchen. Jungen sind meist Lesemuffel und grenzen sich auch so von den Mädchen ab. Ihre Welt sind die PC-Spiele, die so viel Zeit in Anspruch nehmen, dass für Lesen und Lernen wenig übrig bleibt. Ergebnis: Probleme mit Leseverständnis und Aufgabenerfassung sowie ein Mangel an Ausdrucksfähigkeit.

Die aktuelle Mädchenpädagogik, Männlichkeitslücken, rollenbedingte Probleme mit der Arbeitshaltung und Lernorganisation, Nachteile bei Team- und Kommunikationsfähigkeit sowie fehlende Lesekompetenz drängen die Jungen in eine unterlegene Rolle als Lernende, die nicht zu den Überlegenheitsphantasien traditioneller Männerbilder passt. So sind Gewaltspiele bei vielen Jungs die letzte Möglichkeit, den typisch männlichen Allmachtswahn auszuleben.

Was hilft den Jungen weiter?

Der Jugendpsychologe Bergmann, Autor von ‚Kleine Jungs – große Not', sieht ein lediglich auf die Schulzeit beschränktes Problem. Das relativiere die viel zitierte Jungenkatastrophe. Eines seiner Argumente ist vergangenheitsorientiert: Demnach verdanken wir fast alle wichtigen Kulturleistungen der Geschichte des *männlichen* Geistes – von den antiken Philosophen über große Künstler, Schriftsteller und Wissenschaftler der letzten Jahrhunderte bis hin zu den Protagonisten der digitalen Revolution. In den zukunftsorientierten Informations-Technologien sieht er klare Vorteile für das männliche Geschlecht. In Informationsgesellschaften gehe es nicht um Anpassung oder Leseverständnis, sondern um Auswahl und Verknüpfung der Bilder- und Medienflut. In virtuellen Welten können nach Bergmanns Meinung Jungs besser agieren und interagieren als Mädchen. Er sieht in der rollentypischen Bevorzugung der Informationstechnologie die Installierung einer neuen digitalen Männerwelt.

In statistischen Leistungsvergleichen werden meist nur Durchschnittswerte ermittelt. Kaum beachtet wird die Streuung der Ergebnisse, die bei Schulleistungen von Jungen größer ist als bei Mädchen. Mädchen erzielen insgesamt bessere Leistungen, die Jungen die Mehrzahl der schwächeren Leistungen. Sie stellen aber auch die Leistungsspitzen. Beispiel: Die Noten der Mädchen meines letzten Leistungskurses (1,5; 1,6; 1,6; 1,7; 2,0; 2,1; 2,3; 2,5; 2,7) ergeben einen Durchschnitt von 2,00 bei einer geringen Streuung von plusminus 0,42. Die Jungen erreichten zwar nur einen Durchschnitt von 2,50 (1,1; 1,3; 2,4; 2,6; 3,0; 3,0; 3,2; 3,4), die zwei besten und vier schlechtesten Einzelleistungen führen aber zu einer starken Streuung von plusminus 0,84. Man kann also nicht pauschal von leistungsstärkeren Mädchen sprechen. Hier haben zwei Jungen klar die besten Leistungen erzielt. Der Leistungsunterschied von einer halben Note ist in diesem Beispiel statistisch nicht signifikant.

Persönlichkeiten wie Thomas Mann und Bill Gates haben bewiesen, dass Problemschüler und -studenten später durchaus Geniales leisten können. Es mag Männer trösten, Statistiken zu relativieren, die geistige Führerschaft in vergangenen Zeiten zu beschwören, auf die Stärken des männlichen Geschlechts in Zukunfts-Technologien zu hoffen oder Beispiele für im Leben erfolgreiche Schulversager anzuführen. All das kann aber nicht über die aktuellen Probleme der Helden in (schulischer) Not hinwegtäuschen. 10 Gleichstellungs-Ideen:

Im Kindergarten und in der Vorschule sollten mädchenorientierte Tätigkeiten wie Ausmalen und Ausschneiden durch mehr handwerkliche Arbeit ergänzt werden. Mehr Wettbewerbsspiele und mehr Bewegung sollten auf dem Plan stehen. Jungen lernen besser durch konkrete Arbeit, am besten angeleitet von männlichen Vorbildern. Mehr ‚Bevaterung' ist also dringend notwendig.

Wie lockt man mehr männliches Personal ins Bildungssystem? Zunächst muss die Bezahlung besser werden. In Japan leistet man sich Vorschul-Erzieher, die so gut verdienen wie Professoren. Sie verfügen über entsprechend hohe praktische und didaktische Kompetenz. Das Ziel, Jungen mehr zu bevatern, ist wohl nur mit Quotenlösungen zu erreichen. Im Kindergarten könnte die Quote auf 25, in der Grundschule auf 40 und an den weiterführenden Schulen auf 50 Prozent festgesetzt werden.

Auch in den Schulen sollte man mehr auf Praxis und Wettbewerb setzen. Jungen brauchen für ihre Entwicklung mehr Körperlichkeit, also Sport, Kampfspiele und Kampfsportarten, in denen Regeln, gegenseitiger Respekt, Fairness, und Disziplin gefordert sind. Man sollte mehr Männlichkeit zulassen, ohne in *Gewaltfallen zu tappen,* so Gössling (‚*Männlichkeitslücke*'). In den Kampfsportarten Aikido, Karate, Taek-Won-Do und Judo bedeutet der Zusatz *Do* so viel wie Weg, Lehre, Philosophie: Aikido ist die ‚Kunst des Friedens', um *den zum Kampf strebenden Geist in uns zu besiegen.* Die Karate-Regel

Nr. 1 lautet: *Karate beginnt und endet mit Respekt.* Vor diesem philosophischen Hintergrund werden Konflikte eher gewaltfrei gelöst.

Disziplin und Grenzsetzungen müssen auch im Lernfeld Familie eine wichtige Rolle spielen. ‚Starke Männer' sind keine Softies, wenn sie Verantwortung für den kleinen Bruder übernehmen, einkaufen gehen oder sich mehr ums eigene Zimmer kümmern.

An Schulen, in Jugendgruppen und Vereinen helfen den Jungen drei Grundsätze bei der Findung der Männlichkeitsrolle.
Unter uns: Koedukation ist kontraproduktiv, wenn es um Themen wie Sex, Angst und Gewalt geht. Vor Mädchen ist oft Selbstdarstellung angesagt.
Über uns: Die Reflexion über männliche Rollen und Probleme ist offener, wenn nur aus Jungen-Perspektive argumentiert wird.
Für uns: Auf Reflexion folgt Veränderung. In Jungen-Konferenzen zeigt man Veränderungen für einzelne und für die Gruppe auf.

Gehirndispositionen sind beeinflussbar. Im Balken haben Männer gegenüber Frauen 15 Prozent weniger Nervenfasern für die Vernetzung der Hirnhälften zur Verfügung. Bessere Vernetzung verbessert das Gedächtnis. Das Defizit ist durch Musizieren auszugleichen.

Orientierung bei Berufs- und Studienwahl, speziell für Jungen, gibt neue-wege-fuer-jungs.de

Beuster, der Autor des Buchs *Jungenkatastrophe*, hat die Initiative ‚Paten macht Jungen patent' ins Leben gerufen. Männer mit interessanten Biografien sind die Paten, also Modelle, von denen Jungen lernen, ihre Rolle als Mann zu reflektieren.

Pfadfinder-Organisationen bieten alles, was Jungs beim sozialen und praktischen Lernen entgegenkommt, dazu Wettbewerb, Disziplin und viel Natur.

In der Lesekompetenz besteht der entscheidende Wettbewerbsnachteil von Jungen gegenüber Mädchen. Sieben Empfehlungen:

Lesende männliche Rollenvorbilder in der Familie sind sehr wichtig. Zeitliche Beschränkung und sinnvolle Auswahl von Programmen, Spielen und Internetseiten der Konkurrenzmedien Computer, Smartphone und Fernsehen schaffen Freiräume.

Fünf-Schritt-Lesetechnik für mehr Leseverständnis, Seite 37 ff.

Interessenanknüpfungen wie die Initiative ‚Kicken und lesen' bieten Einstiege ins Lesen.

Antolin.de ist eine Leseplattform, die mit dem Sammeln von Lesepunkten dem Wettbewerbs-Denken entgegenkommt.

Die Universität Basel hat Arten der Leseförderung verglichen: Offener Unterricht mit relativ freier Auswahl der Lesestoffe wird zwar von Mädchen und Jungs bevorzugt, bei Jungen verbessert jedoch die konkrete Anleitung mit Lesestrategien die Dekodierungsleistung und die Leseflüssigkeit.

Die Uni Frankfurt rät im ‚Projekt Leseflüssigkeit' zu zwei Strategien: Beim ‚Lesetandem' arbeiten der Trainer, ein guter Leser, und ein Sportler, der noch trainieren muss, zusammen.

Das Konzept ‚Stille Lesezeiten' setzt auf das Kilometerlesen. Die aneinander gereihten Zeilen dieses Buchs ergeben etwa 0,7 Kilometer.

Göttliche Vorbilder für göttliche Jungs

Jungen brauchen Vorbilder zur Findung der männlichen Identität. Muss es der Frauentyp James Bond sein oder die bärenstarken Klitschko-Brüder, vielleicht Brad Pitt, Eminem, Raab, Bohlen, Fußball-, Basketball- oder Wrestling-Stars, Politiker oder Wissenschaftler? Für viele Kinder und Jugendliche sind Opa, Vater, Hausmeister, Lehrer oder Trainer bessere Vorbilder. Die archetypischen Züge männlicher Rollenvorbilder finden sich nach einer Idee von *Spiegel Online* schon bei den Göttern der griechischen Mythologie.

Zeus, Göttervater und personifizierte Allmacht
Als starker Anführer verfolgt er seine Interessen mit allen Mitteln, sogar mit List. Er ist ein Protzer und Prahler. Diese Eigenschaften bereiten in der Schule Probleme, sind später aber Karriere fördernd. Heute sind Zeus-Typen Politiker oder Manager.

Dionysos, Gott der Ekstase
Er ist getrieben von Gelüsten und Bewegungsdrang. Im Kindergarten wird er in die Ecke gestellt, und auch in der Schule hat er es schwer. Seine große Zeit kommt im Beruf. Talente und große Energie machen ihn zum erfolgreichen Politiker oder Showmaster.

Ares, der Kriegsgott
Er ist Gewalttäter, der als notwendig akzeptiert wurde. Auch heute finden gewalttätige Männer Anerkennung in ihren Familien oder von attraktiven Frauen, wie einst Ares. Auch moderne Krieger akzeptieren Gewalt, um Konflikte zu lösen und andere zu schützen. Ares-Typen sind heute Soldaten, Polizisten und Greenpeace-Aktivisten.

Prometheus, Held und Opfer
Weil er den Menschen das Feuer bringt, ist er ein Held. Weil Zeus ihn dafür bestraft ist er ein Opfer. Heute ist der Prometheus-Typ Erzieher, Heiler oder Pfleger. Er hilft und leidet – und bleibt stark.

Morpheus, der Gott der Verwandlung
Morpheus ist der Gott der Träume und der Verwandlung. Heute ist er Computer-Freak, schlüpft in viele Rollen, ist Schöpfer nützlicher Soft- und Hardware, aber auch süchtig machender Produkte. Die IT-Stars Gates, Jobs und Zuckerberg sind Morpheus-Typen.

Apollon, Künstler, Musiker und vernünftiger Gott
Apollon ist ein ‚vernünftiger Gott'. Dennoch rebelliert er gegen seinen allmächtigen Chef Zeus. Auch moderne Apollon-Typen sind kreativ und haben Zivilcourage. Sie kämpfen als Autoren, Musiker, Maler oder Journalisten gegen Unrecht und Machtmissbrauch.

Das Wichtigste über ‚Doing Gender'

Doing Gender, das Entwickeln des Geschlechts, ist auch ein Programm für die Freizeit. Sehr wertvoll sind Pfadfinder, Team- und Kampfsportarten. Männliche Rollenmodelle sind erwünscht.

Achten Sie bei der Auswahl des Kindergartens, der Grundschule und der weiterführenden Schule unter Umständen auch auf die ‚Männerquote' des Personals und vergleichen Sie die im Internet dargestellten Projekte und Angebote zum Wahlunterricht.

Nehmen Sie über den Elternbeirat Einfluss auf schulische Maßnahmen zur Jungenförderung.

Denken Sie bei Schulproblemen an das multithematisch geprägte Selbstkonzept Ihres Sohnes und achten Sie auf die Balance schulischer und außerschulischer Erfolgserlebnisse.

Delegieren Sie Verantwortung im Rahmen häuslicher Arbeiten. Das stärkt die soziale Kompetenz und wichtige Stützfaktoren des Lernens: Ausdauer, Zuverlässigkeit, Regelmäßigkeit, Disziplin.

Lassen Sie männliche Rollenstereotypien wie *Schule ist langweilig, Lesen ist doof* usw. nicht gelten. Der größte Wettbewerbsnachteil der Jungen ist die geringere Lesekompetenz. Das gute Vorbild des Vaters, spezielle Lesestrategien, Interessenanknüpfungen und die passenden Lesestoffe wirken dem entgegen.

Jungen brauchen dringend ‚Bevaterung', vor allem in der Pubertät. Schenken Sie Ihrem Sohn Zeit – für gemeinsames Werken, Naturerlebnisse, Sport und für gute Gespräche unter Männern.

Göttliche Jungs sollten archetypische Züge göttlicher Vorbilder auch ausleben dürfen: Sie sind Anführer, wenn sie Verantwortung übernehmen, wirken wie Getriebene, wenn sie sich austoben. In Kampfspielen mit Regeln sind sie Gewalttäter, in der Schule oder in der Freizeit Rollenspieler, Künstler oder Helfer.

Lesen – Vorsicht, es gefährdet die Dummheit

Lesen ist Denken mit fremdem Gehirn. Wer liest, hat mehr im Kopf. Lesen – eine neue Welt entdecken. Lesen bringt die Welt in den Kopf.

Zur Überschrift: Das Lesen gefährdet mehr als alles andere die aktuelle Verdummung durch Fernsehen, Handy und Computer. Deshalb gilt es als beste Vorbeugung gegen Süchte rund um Neue Medien. Schieferbild: Dreizehn Steine der Weisen – ein Sinnbild für das Lesen

Der Weg des Gelesenen im Gehirn

Eigenes Tun und schrittweise statt gleichzeitige Aufnahme der Reize sind die größten Vorteile der Informationsverarbeitung durch Lesen gegenüber der durch Bildschirmmedien. Das aktive Nacheinander gibt uns Zeit für mehr Verständnis und Sinnbildung. Die gleichzeitig eintreffenden Reize passiv konsumierter Bildschirmmedien – viele Bilder, schnelle Bildfolgen, gleichzeitig Ton, Bild und Schrift – überfordern dagegen die Kapazität des Sinnesspeichers. Das sind die Wege des Gelesenen und die jeweils beteiligten Gehirnregionen:

1. Wegstrecke – Von den Augen zum visuellen Lesezentrum
Die gelesenen Schriftzeichen werden gesehen und vom primären visuellen Areal als Buchstaben erkannt. Eine wichtige Rolle für die Buchstabenerkennung spielt die Visual Word Form Area. Die VWFA verarbeitet Informationen über Lage und Winkel der Zeichen. Die Buchstaben werden an das ‚Lesezentrum' (Gyrus) geschickt, wo sie in Laute und Lautfolgen übersetzt, also dekodiert werden. Im Deutschen unterscheidet man etwa 250 Laut-Buchstaben-Zuordnungen.

2. Wegstrecke – Zum sensorischen oder semantischen Zentrum
Das sensorische Sprachzentrum im Wernicke-Areal verarbeitet diese Informationen weiter. Den so aufbereiteten Informationen werden Bedeutungen nach dem Wortstammprinzip verliehen. Deshalb spricht man auch vom semantischen Zentrum.

3. Wegstrecke – Zum motorischen Sprachzentrum
Soll das Gelesene auch gesprochen werden, wird es zum Broca-Areal geschickt, dem motorischen Sprachzentrum. Dort wird eine Art Artikulierungsprogramm erstellt. Es erkennt Phasen- und Grammatik-Strukturen, die Syntax der Sprache. Die Forschung geht davon aus, dass uns das Gefühl für Grammatik angeboren ist.

4. Wegstrecke – Zu den Sprechwerkzeugen
Zunge, Lippen und Stimmbänder werden im motorischen Kortex aktiviert. Auf den Wegstrecken 1. bis 4., also vom Sehen bis zum Aussprechen des Wortes, ist nur eine halbe Sekunde vergangen. In jeder dieser Phasen kann es zu Lese- und Sprechstörungen kommen.

Die überragende Bedeutung des Lesens für das Lernen

Der Kapiertrieb wird durch drei Aktivitäten angeregt: etwas selber tun, Fragen stellen und lesen. Gut 80 % aller Lernreize werden durch das Lesen aufgenommen. Nun wird aber immer weniger gelesen. 1984 waren es im Schnitt 18 Minuten, heute sind es nur noch 13 Minuten täglich. Es wird dreißig Mal mehr Zeit mit Bildschirmmedien vertan. Durchschnittsleser kommen auf etwa 500.000 gelesene Wörter jährlich, Vielleser auf fünf Millionen und Nichtleser auf einige Tausend. Wieder gilt: *Wer hat, dem wird gegeben.* Wir müssen Tausende von Übungsstunden in eine Tätigkeit investieren, für die das Gehirn zunächst nicht geschaffen war. Sprache gibt es erst seit 100.000 Jahren, Schriftzeichen seit 6.000 Jahren. Für die nötige Dekodierungsleistung muss das Gehirn unglaublich viel leisten.

Leseerziehung

Das Vorlesen erleichtert später die Dekodierung der Laut-Buchstaben-Zuordnung im Lesezentrum. Außerdem wird ein Modell für die kopierfreudigen Spiegelneuronen im kindlichen Gehirn geboten.

Geschlechterrollen-Probleme

Eltern sprechen öfter mit Mädchen und verstärken das Lesen mehr als bei Jungen. Deshalb machen Jungen mehr entmutigende Erfahrungen beim Lesen. Die Eltern und Lehrer trauen ihnen weniger zu. Dann trauen sie sich selbst weniger zu, lesen ungern, deshalb weniger und auch schlechter. Lesekompetenz ist in der Grundschule bei Jungen und Mädchen noch gleich ausgeprägt. Die Schere öffnet sich erst später und dann deutlich.

Grundsätzliche Probleme für Leseanfänger

Das Zentrum unseres Auges, Fovea centralis, schafft nur etwa vier Zeichen, bis ein Lesestopp, eine Fixation, auftritt. Dann springt es vier Zeichen weiter, Sakkade genannt. Ungeübte Leser neigen dazu, die Blicksprünge rückwärts zu richten.

Steigerung des Lesetempos

Die Blickspanne erfasst mehrere Wörter. Die mittleren Buchstaben der gelesenen Wörter werden dabei ausgeblendet:

> Afugrnud enier Sduite an enier Elingshcen Unvirestiät ist es eagl, in wlehcer Rienhnelfoge die Bcuhtsbaen in eniem Wort sethen, das enizg wcihitge dbaei ist, dsas der estre und lzete Bcuhtsbae am rcihgiten Paltz snid. Der Rset knan ttolaer Bölsdinn sein, und du knasnt es torztedm onhe Porbelme lseen. Das ghet dseahlb, ...
>
> ... weil wir durch Übung lernen, die Buchstaben auszublenden.

Beim Schnelllesen geht es um die zügige Erfassung von Wörtern, Sätzen und Sinn. Die Leseflüssigkeit wird durch sechs Faktoren eingeschränkt, die den Lernprozess stören können:

Wort für Wort lesen:
Das ermüdet die Augen. Motivation und Konzentration lassen dann schnell nach. Die Blickspannen trainiert man durch Übung und das Ziehen senkrechter Linien.

Vokalisieren:
Lautes Mitlesen verbraucht im Frontalhirn zu viel Energie für die langsam arbeitenden Sprechwerkzeuge und es schränkt die Funktion des schnell arbeitenden Lesezentrums für die Sinnerfassung ein. Lautlesen nützt nur Schlechtlesern.

Regression:
Gegen Regressionen hilft das Abdecken mit Kartonstreifen.

Buchstabieren:
Es verhindert das Sinn erfassende Lesen.

Langsames Lesen:
Es führt zu Unterforderung, weniger Sinnentnahme und Konzentrationsproblemen. Schablonen sind nur dann von Nutzen, wenn es zu Problemen mit Blicksprüngen und dem Zeilenlesen kommt.

Subvokalisieren:
Das Gelesene wird von Schnelllesern ohne den Umweg des stummen Mitsprechens direkt in Bilder übertragen.

Förderung der Leseflüssigkeit

Die Leseflüssigkeit gilt seit den Untersuchungen des National Reading Panel in den USA als *Brücke zwischen Dekodierungsfähigkeit und Textverständnis.* Sie ist *die* Schlüsselkompetenz für das Sinn erfassende Lesen: Schnelllesen erhöht die Konzentration, lässt Augen und Gehirn nicht so schnell ermüden, macht mehr Freude und hilft, die Schlüsselwörter für das Textverständnis schneller zu erfassen. 13 Tipps zur Steigerung des Leseverständnisses:

Wiedererkennen häufiger Laut-Buchstaben-Folgen: Häufige Laute und kurze Wörter wie ie, ei (auf dieser Seite 20), au, eu, ein, am werden mit Wortzähl- und Wortfindungsspielen erkannt.

Erweiterung der Blickspanne: Neben dem Trick mit den senkrech-ten Linien ist die Wortpyramide ein gutes Mittel: Die geschriebe-nen Wörter werden immer länger. Das erweitert die Blickspanne.

Blitzlesen: Mit einer Fensterkarte steigert man Länge der Wörter.

Wie geht das Wort weiter? Die Sinnerwartung auf der Wortebene trainiert man mit Lesepfeilen. Der Pfeil deckt immer mehr Buchstaben ab.

Wie geht der Satz weiter? Wieder wird mit Lesepfeilen gearbeitet: Nun geht es um Sinnerwartungen auf Satzebene. Im Übungsverlauf werden immer mehr Wörter abgedeckt.

Texte vergleichen: Zwischen zwei Texten sind wie bei Suchbildern Unterschiede herauszufinden.

Wiederholungslesen: Wörter des Sichtwortschatzes werden erst einzeln und dann im Text gelesen. 15 Wiederholungen sind nötig, um die Wörter in weniger als einer Sekunde zu erkennen.

Tandem-Lesen: Sie lesen im Wechsel – nach Klopfzeichen – mit Ihrem Kind. Ihr Kind liest, bis ein Fehler gemacht wird. Geben Sie nun

Zeit zur Selbstkorrektur, erst dann folgt Ihre Korrektur. Sprechen Sie in einer schönen Lese-Ecke über das Gelesene.

Pattern-Books: Das sind Lesebücher mit Bildern und Fragen zum Textverständnis. Webadresse: verlagkg.ch

Buchempfehlungen:
Tacke: Flüssig lesen
Bertschi-Kaufmann: Das Lesen

Drei interessante Webadressen:
celeco.com   mit dem Leseprogramm ‚Richtig lesen lernen'
lesikus.com   mit Übungen und Informationen
textdetektive.de   mit vielen Lesestrategien, Tintenklex-Texte

Stille Lesezeiten: Sie fördern bei ‚Gernlesern' die Leselust und die Leseflüssigkeit. Das Kilometerlesen verstärkt wegen seines Wettbewerbscharakters diese Wirkung.

Hörgeschichten: Sie verfestigen Sprachmelodien und die Fähigkeit, gefühlsmäßige Schwingungen, die Prosodie, in der Sprache zu unterscheiden.
Variante 1: Es wird eine Geschichte nicht nur gelesen, sondern auch über Kopfhörer mitgehört.
Variante 2: Sie lesen vor, Ihr Kind liest es nach.
Variante 3: Chorlesen zu zweit, zu dritt usw.

Leseverständnis – Training auf vier Ebenen

Buchstaben-Ebene

Was wird daraus? Auf Streifen geschriebene Wörter werden aus einem Buch gezogen. Das führt zu Assoziationsketten.

Bilder zuordnen: Wörtern werden durch Bilder verankert.

Welches Wort passt nicht? Herstellen semantischer Beziehungen: In einer Reihe von Wörtern wird das störende Wort gestrichen.

Wort-Ebene

Silbengliederung: Beschriftete Holzklötze anlegen

Gliederung zusammengesetzter Wörter:
Spiele Wörter-Domino: Tür-schloss, Schloss-park, Park-hotel, Hotel-gast, Gast-haus, Haus-tür usw.
Bilde zusammengesetzte Monster-Wörter: Computer-bild-schirm-schoner-farbe ...

Satz-Ebene

So oder so? Texte mit je drei Vorschlägen passend einfügen.

Geschichten dichten: Ausfüllen von Lückentexten. Texte erst zerschneiden, dann mischen und richtig zusammensetzen, abschließend Korrektur lesen.

Ausnutzen semantischer Information: Ich liege auf dem Sofa/Rasen und lese. Da bewegt sich was. Es ist der Hund/Schmetterling auf der Blume.

Nutzen syntaktischer Information: Es lebte mal ein riesiges Tier. Es war so leicht, dass es beim Gehen tiefe Fußabdrücke hinterließ.

Text-Ebene

Sinnerwartungs-Übungen: zum Beispiel ‚verwehter Text': Es werden zerschnittene Textteile von Märchen zusammengesetzt. Ähn- lich funktionieren die Tintenklex-Texte.

Text-Puzzle: Textstreifen ordnen. Ersetze dann Sinn störende Wörter durch sinnvolle! Solche Textvergleiche sind wie Suchbilder!

Fünf-Schritt-Lesetechnik: SQ3R, Seite 37.

Zerschnittene Texte: Text lesen, eine Kurzfassung erstellen und Verständnisfragen formulieren.

Text gestalten: Vergleiche Wortpaare! Was passt (nicht)?

Texte entflechten ... und wieder zusammensetzen.

Lese-Rechtschreib-Störungen

Im Abschnitt ‚Der Weg des Gelesenen im Gehirn' wird deutlich, dass beim Lesenlernen einiges schief gehen kann: Auf den Datenautobahnen zwischen den am Lesen beteiligten Lesezentren können Staus durch Probleme mit Blickspannen, Sinnerwartungen und anderen Störungen entstehen.

Abgrenzung von Lese-Rechtschreib-Problemen

Legasthenie ist eine Teilleistungsschwäche des Gehirns und der für das Lernen nötigen Gehirnfunktionen. Sie ist entwicklungsbedingt und beeinträchtigt das Erlernen der Schriftsprache. Die Wahrnehmungs-Verarbeitung, die für das Lesen und Schreiben so wichtig ist, besteht in der Umwandlung der Schriftzeichen in Sprachlaute und umgekehrt. In der Alltagssprache wird Legasthenie oft als ‚Lese-Rechtschreib-Schwäche' bezeichnet. Doch Legasthenie ist eine Störung, keine Schwäche. Lese-Rechtschreib-Schwäche tritt oft nur vorübergehend auf, zum Beispiel bei langer Abwesenheit von der Schule oder bei Familienkrisen.

Legastheniker sind normal bis hoch intelligent. Prominente Legastheniker sind u.a. Galilei, Kleopatra, Einstein und Agatha Christie. In Deutschland sind mehr als eine Million Schüler betroffen. Probleme treten in allen Sprachen auf, sogar in piktographischen (China).

Ursachen für LRS

Lange vermutete man Augenprobleme als Ursache. Heute weiß man, dass es nicht am Auge liegt, sondern an Veränderungen der Seh- und Hörbahn und der Verarbeitung von Sinnesreizen.

Molekularbiologen vermuten die verantwortlichen Gene auf den Chromosomen 6, 15 und neuerdings 2. Chromosom 6 ist für das Hörverstehen zuständig, Chromosom 15 für visuelle Fähigkeiten.

Neurophysiologen stellten fest, dass Wahrnehmung und Verarbeitung von Sprache schon früh gestört sein kann. Schon im Fötus reifen bestimmte Neuronen nicht weiter oder wandern nicht in die Hirnrinde, wie sie es eigentlich sollten. Das heißt, ein Legastheniker hat dort weniger Zellen zur Signalverarbeitung zur Verfügung. Oft sind die Zellen zu klein, arbeiten zu langsam oder sind nicht gut geordnet. Das Planum temporale, das sensorische Sprachzentrum, ist bei Legasthenikern deutlich kleiner.

Legastheniker bemühen bei Sprachaufgaben nur ihr Broca-Zentrum. Deshalb wird es so schnell überlastet. Bei diesem Dysconnection-Problem funktioniert die Verständigung zwischen den Zentren nicht oder nur stark verzögert. Für Legastheniker sind also Lesen und Verstehen zwei unterschiedliche Vorgänge. Im Moment des Lesens haben sie es noch nicht verstanden.

Selbsthilfe, Programme und Therapien

Den Betroffenen muss immer auch psychologische Hilfe angeboten werden, da sie unter geringem Selbstwertgefühl und Versagensängsten leiden. Einige Hilfen, Helfer und Selbsthilfen:

Bundesverband Legasthenie, bvl-legasthenie.de
Duden Verlag, Download: Lernprobleme erfolgreich meistern
legasthenieverband.org, Unterstützung für Eltern
schulberatung.bayern.de, Diagnose und Therapie
legasthenietherapie-info.de, Software Tintenklex

Neun Gebote für das Rechtschreib-Training

1. Schwierige Wörter und Regeln kann man mit der Lernkartei üben.
2. Der Einsatz aller Sinneskanäle macht Schrift- und Klangbilder oft merkwürdiger.
3. Eselsbrücken helfen weiter, z.B.: Nach l, n, r, das merke ja, steht nie tz und nie ck.

4. Denke jeweils an Ableitungen, fällt / fallen, und Wortstämme, aufwändig / Aufwand! Schaue im Zweifel im Duden nach!
5. Fehlerstrichlisten geben Hinweise auf zu übende Problemwörter.
6. Training: Mit guten Übungsbüchern, der Software *GUT* und auch Schulbüchern. Frage deinen Deutschlehrer um Rat!
7. Beratungslehrer oder Schulpsychologen testen, ob Lese-Rechtschreibstörungen vorliegen.
8. Verbessere die Übungsdiktate sofort, damit sich keine falschen Wortbilder im Gehirn festsetzen!
9. Übe in kleinen Schritten und höchstens 15 Minuten täglich!

Das Lesen lieben – Leseempfehlungen

Lesen lernt man nur durch das Lesen. Deshalb müssen wir unseren Kindern helfen, das Lesen zu lieben. Hier finden Sie Empfehlungen:

stiftung-lesen.de: Die ‚Intensivstation für das Lesen' mit Elternservice, Leseempfehlungen, Leseforschung und Leseförderung.

lesen-in-deutschland.de: Projekte und Initiativen zur Leseförderung

akademie-kjl.de: Lesetipps, Rubrik: Buch des Monats in mehreren Kategorien

goethe.de: Goethe-Institut, Buchbesprechungen und eine Rezensions-Datenbank

dgls.de: Leseforschung, Vorschul-Empfehlungen und Bücherlisten für Kinder

readingworldwide.com: Weltweite Projekte und Initiativen zur Leseförderung

bildungsserver.de: Linklisten zur Leseförderung

buecherpiraten.de: Mit den Rubriken Leseempfehlungen und kreatives Schreiben

leseforum.bayern.de: Leseempfehlungen ab 6, 8, 10, 12, 14 und 16 Jahren

Persönliche Empfehlungen

Hans-Magnus Enzensberger, Der Zahlenteufel: Ein sympathischer Zahlenteufel nimmt einem Jungen im Traum mit interessanten mathematischen Rätseln die Angst vor der Mathematik.
Autorenlesungen sind für Kinder und Jugendliche sehr motivierend. Animieren Sie Ihr Kind, regelmäßig zu lesen. Nach Phasen mit ‚leichter' Kost streuen Sie immer wieder mal Klassiker ein.

Zeitschriften für neugierige Leseratten

Für Kinder:	Floh, Flohkiste, GEOmini, GEOlino, spielen und lernen
Für Jugendliche:	National Geographic, P.M., GEO, bild der wissenschaft, Spektrum
Für Sprachenfreaks:	Zweisprachige Magazine wie écoute, Spotlight, Adesso u.a.

Das Wichtigste über das Lesen

Denken Sie beim Lesenlernen an ihre Rolle als Vorbild: Die Spiegelneurone Ihres Kindes sind allzeit kopierbereit. Pflegen Sie in der Familie auch die gute Tradition des Vorlesens. Beziehen Sie spielerische Wettbewerbselemente mit ein. Gestalten Sie eine schöne Leseecke.

Bei der Lesekompetenz gibt es geschlechtsabhängige Unterschiede. 7 Anregungen für die spezielle Leseförderung von Jungen finden Sie auf Seite 156. Es ist wenig bekannt, dass Leseflüssigkeit die wichtigste Voraussetzung für das Leseverständnis ist: Wer schneller liest, erfasst Texte genauer und wird beim Lesen nicht so schnell müde.

Lesen ist mit gut 80 % am Wissenserwerb beteiligt und ist damit *die* Schlüsselkompetenz für das Lernen.

Achten Sie auf Zeitbeschränkungen für die natürlichen Feinde des Lesens: Fernsehen, Gameboy, Smartphone, Playstation und Computer. Gern- und Vielleser sind immun gegen den massiven Trend von Fernseh-, Computerspiel-, Handy- und Internetsüchten.

Lesen lernt man vor allem durch Lesen. Je mehr Vorkenntnisse das Fundament bilden, desto mehr lässt sich darauf aufbauen. Das Gehirn entwickelt sich immer so, wie man es nutzt.

Für mehr Leseverständnis üben Sie mit Ihrem Kind SQ3R, Seite 37. Verwenden Sie dafür erst einfache kurze Texte. So wird eine weitere wichtige Kompetenz trainiert, das Priorisieren: Man lernt zu unterscheiden, was wichtig und was unwichtig ist.

Bei Hinweisen auf Legasthenie geben Sie Ihr Kind für Diagnose und Therapie in professionelle Hände. Achten Sie darauf, dass die Störung nicht als Alibi oder Krankheit gesehen wird. Training, vgl. neun Gebote, und gute Software helfen gegen Rechtschreibschwäche.

Das Lesen lieben! Empfehlungen der Neuner-Liste und Initiativen von Bibliotheken und Buchhandlungen unterstützen Sie dabei.

Musik – Das ultimative Gehirntraining
Concerto Grosso im Gehirn

Das Gehirn liebt Musik

Musik entfacht Emotionen, die nicht zu beschreiben sind. Die universelle Sprache der Musik wird überall und von allen verstanden. Nur *sie* aktiviert alle Sinne: Man hört, sieht, spürt und fühlt. Musik ist ein ästhetisches Erlebnis (Bild), für manche sogar ein synästhetisches, wenn sich Musik in Formen, Farben und Muster verwandelt. In diesem Kapitel geht es um die vielfältigen Auswirkungen von Musik auf die Gehirnfunktionen.

So kommt die Musik in unseren Kopf

Es gibt kein Musikzentrum im Gehirn. Deshalb muss für die Analyse von Musik in vielen verschiedenen Hirnregionen ein enormer Aufwand betrieben werden. Wenn sich Musik in unser Ohr schmeichelt, werden die erzeugten Frequenzen von den Zellen der Cochlea aufgenommen und in Nervenimpulse umgewandelt. Diese Signale durchlaufen zunächst den Gehirnstamm. Dort erfolgen erste Beurteilungen von Tonhöhe, Lautstärke und Lage der Schallquelle. Danach werden die Impulse zur Feinanalyse in die linke und rechte Hörrinde geschickt. Neurobiologen sprechen vom auditorischen Kortex im Schläfenlappen knapp oberhalb der Ohren. Die primäre Hörrinde untersucht mit Hilfe einer ‚tonotopen Karte' die Töne hinsichtlich Höhe und Frequenz. Danach suchen sekundäre und tertiäre Hörrinde nach komplexen Mustern hinter den einzelnen Tönen. Um die Struktur der Melodie, den Takt eines Rhythmus oder die Dynamik des Gehörten auszuwerten, müssen weitere Gehirnbereiche aktiv werden, die mit der Hörrinde vernetzt sind. Sie sitzen ebenfalls in der Schläfenregion und im Frontalhirn. An der Analyse sind beide Hirnhälften beteiligt. Stirn- und Schläfenlappen der rechten Seite sind vor allem beim Vergleich von Tonhöhen und Melodien aktiv. Rhythmen verarbeitet man auf der linken Seite. Bei Profis wechseln Rhythmus- und Melodiezentren die Seite. Indem sie Intervalle und Harmonien automatisch zerlegen und benennen, arbeiten sie mit Sprachfunktionen, die überwiegend in der linken Hirnhälfte angelegt sind. Musik verlangt dem Gehirn eine große Dekodierungs-Leistung ab. Die komplexen Abfolgen von Akkorden, Tönen, Klangfarben, Melodien, Harmonien, Rhythmen, Metren und Strukturen fordern vom Gehirn große Sinngebungs- und Rechenleistungen. Die schon erwähnte Neuroplastizität ist bei Musikern besonders stark ausgeprägt. Man spricht in diesem Zusammenhang vom ‚Streicherhirn'.

Wirkungen der Musik auf die Gehirnfunktionen

Bessere mathematisch-logische Fähigkeiten

Musiker können besser logisch denken und Muster besser unterscheiden. Solche Muster treten zum Beispiel als Abstände zwischen Noten oder als Notenbruchteile auf. Die gleichen Muster haben mathematische Operationen wie Bruch- oder Prozent-Rechnen.

Schieferbild: Notenlängen und Takte nach Paul Klee

Shaw wies nach, dass klassische Musik generell fit macht für mathematisches Denken. An meiner Schule ergab ein Vergleich von Mathematik- und Musik-Noten, dass Schüler mit guten Leistungen in Musik auch gut in Mathematik sind. Neuseeländische Forscher entdeckten, dass Musiker ein besseres räumliches Vorstellungsvermögen haben. Musik hat also offensichtlich auch eine räumliche Komponente.

Neuroplastizität auf allen Ebenen

Bei Musikern werden die Hirnregionen vergrößert, in denen Fingerbewegungen verarbeitet werden. Diese sind im Gehirn mit fast 60 % stark repräsentiert. Die sich ergebende Neuroplastizität verbessert Motorik, Aufmerksamkeit und Konzentrationsausdauer. Studien weisen auch auf einen Konzentrationsvorteil von Musikern hin. Das liegt an der Fähigkeit, sehr ausdauernd zu üben. Die Neuroplastizität beruht also auf einem Engelskreis: Die Funktion stärkt das Organ, das Organ stärkt die Funktion, diese wieder das Organ usw.

Förderung sprachlicher Funktionen

Musik hat mehr mit dem Verständnis von Sprache zu tun, als man lange dachte. Bei den oben skizzierten Wegen der Musik durch das Gehirn wurde angedeutet, dass durch die Benennung von Harmonien und Intervallen immer auch die Sprachfunktionen des Gehirns aktiviert werden. Das große Übungspensum von Musikern erklärt die Verstärkung der Effekte durch ständige Stimulation der Sprachzentren. Grundsätzlich ähnelt Musik der Sprache. Beide sind Kommunikation in Form sehr gut organisierter Komplexe von Klangfarben, Rhythmen und Tonhöhen.

Stefan Kölsch vom Max-Planck-Institut fand heraus, dass falsche Akkorde – Neapolitaner – dieselben Sprachzentren im Broca-Areal reizen wie grammatikalisch falsche Sätze. Auch das so genannte semantische Priming wurde erforscht: Unser geistiges Lexikon stellt sofort verwandte Assoziationen bereit, wenn wir einen Satz oder eine Musik-Sequenz hören. Das Gehirn hat einen Sinn für die Bedeutung und Struktur von Musik, die der sprachlichen Analyse von Bedeutung (Semantik) und Struktur (Syntax) sehr ähnelt. Kölsch glaubt, dass Musik fundamentale Informationen liefert, die für das Lernen und das Verständnis von Sprache unerlässlich sind. Dann war wohl am Anfang nicht das Wort sondern die Musik. Das absolute Gehör spielt beim kindlichen Spracherwerb eine Schlüsselrolle. Man geht davon aus, dass diese Fähigkeit im späten Kindesalter verloren geht, es sei denn, sie wird intensiv trainiert.

Besseres Wortgedächtnis

Studentinnen, die Instrumente spielen, konnten in einer Studie signifikant mehr gesprochene Worte behalten als untrainierte aber sonst gleich leistungsfähige Kommilitoninnen. Ausgangspunkt der Untersuchung war die Beobachtung, dass der linke Temporallappen des Gehirns bei Musikern stärker entwickelt ist. Dieser Teil der Großhirnrinde gilt als Zentrum für das akustische Gedächtnis. Bei Musikern ist auch das Arbeitsgedächtnis sehr gut entwickelt. Die neuroplastischen Veränderungen bleiben bis ins hohe Alter erhalten. Da der Abbau im Alter deutlich geringer ausfällt als bei Nichtmusikern, wird das Musizieren auch als ultimatives Gehirntraining bezeichnet. Ein weiterer Grund für bessere Gedächtnisleistungen ist die Vergrößerung des Balkens. Seine Fasern verbinden linke und rechte Hirnhälfte. Ein leistungsfähiger Balken sorgt durch Assoziationen von Wort und Bild für eine bessere Gedächtnisleistung. Diese Steigerung ist aber nur bei Männern nachweisbar. Frauen haben das nicht nötig: Sie haben von Natur aus 10-15 % mehr Fasern im Corpus callosum.

Musik – Entspannung, Motivator und Aktivator

Blood und andere Gehirnforscher zeigten, dass das Hören angenehmer Musik ein großes Ensemble von Hirnbereichen im Striatum aktiviert, das man Belohnungssystem nennt. Der Nukleus accumbens schüttet beispielsweise bei Euphorie Botenstoffe wie Dopamin und Serotonin aus. Deshalb gilt Musik in der Medizin – bei Parkinson oder Schlaganfall – und in der Psychotherapie – bei Depressionen oder Ängsten – als Motivator, Stimmungsaufheller und Aktivator. Jeder kennt die emotionalen Wirkungen von Musik:

Die Ausschüttung von Glückshormonen steigert das Wohlbefinden.

Veränderte Hirnströme zeigen positive Gefühle an.

Blutdruck, Atemfrequenz, Muskelspannung und Puls nehmen ab.

Die Nebenniere schüttet das beruhigende Noradrenalin aus.

Das Stresshormon ACTH in der Hypophyse wird abgebaut.

Diese Wirkungen sind bei schnellen Rhythmen umgekehrt analog: Die Körperfunktionen werden beschleunigt, die Hypophyse schüttet mehr ACTH aus und die Nebenniere das mobilisierende und Blutdruck steigernde Adrenalin. Musik wirkt dann als Aktivator. Nach Thaut stimuliert Musik über die Aktivierung vieler verschiedener Hirn-

Hirnareale die sensomotorischen Hirnregionen und das Kleinhirn. Auch die Aktivität der motorischen Nervenzellen wird erhöht. Hochkulturen wussten schon immer um die therapeutische Wirkung von Musik: In der Bibel ist zu lesen, dass König Sauls Depressionen und Ängste mit Davids Musik erfolgreich therapiert wurden.

Musik ist Beziehung und Identität

Wie die Musik Beziehungen, Identitäten und sogar Weltanschauungen prägen kann, haben die 60-er Jahre gezeigt. Dafür stehen Bob Dylan, Joan Baez, die Rolling Stones u.v.a. Auch heute identifizieren sich Jugend-Kults vor allem über gemeinsam gehörte Musik. In der Psychotherapie werden Beziehungsstörungen gezielt mit Musik behandelt. Sie durchbricht die Isolation und steigert Aufmerksamkeit und Interesse der Patienten am Umfeld.

Parallelität von Aktivitätsschwankungen

In der Epilepsie-Forschung wurde festgestellt, dass Musik von Mozart, Haydn oder Bach ähnliche Aktivitätsschwankungen aufweist wie das Gehirn. Nach Hughes kann Musik den natürlichen Takt des Gehirns aufgreifen und stabilisieren. Analysen zeigen, dass in Mozarts Musik die Lautstärke in ebenso regelmäßigen Perioden an- und abschwillt und auch die Melodielinien ebenso häufig wiederholt werden wie bei Hirnaktivitäten. Eine andere Studie wies positive Beeinflussungen von Tagesleistungskurven durch Musiktherapie nach.

Optimierung des Denkens und Lernens

Pöppel stellte an der Musikschule der Hofer Symphoniker in allen erfassten mentalen, emotionalen und sozialen Kompetenzen Verbesserungen gegenüber der Kontrollgruppe fest. Wichtigstes Ergebnis: Durch intensiven Musikunterricht wird der *zeitliche Rahmen des Gehirns* geordnet. Als Transfereffekt ergibt sich die Optimierung aller

Denkprozesse. Das wirkt sich im musischen Bereich und in allen anderen Fächern positiv aus. Man führt diese Resultate auf die positive Wirkung von Musik auf die Schläfenlappen zurück. Sie spielen die Hauptrolle bei der auditorischen und visuellen Wahrnehmung sowie bei der Aufnahme von Sprache. Sie leisten auch einen Beitrag zum emotionalen Erleben. Störungen im linken Schläfenlappen führen dagegen zu Verstimmungen, Wutausbrüchen und Störungen im Gedächtnis. Klassische Musik wirkt sich bei der Behandlung all dieser Probleme harmonisierend aus.

Musikalität – Mehr Prosodie und Empathie

Musikalische Emotionen helfen, gefühlsmäßige Schwingungen zu erfassen. Je größer die musikalische Erfahrung ist, desto leichter filtert man Gefühle im sprachlichen Klangbild einer Kommunikation heraus. Diese empathische Fähigkeit nennt man Prosodie.

Bild: Musiker der Schulfamilie am Frankenwald-Gymnasium Kronach

Das Wichtigste über Musik

Nutzen Sie schulische Angebote wie Orchester, Chor, Instrumentalunterricht oder Big Band. Musikschulen und Musikvereine machen Schnupper-Angebote.

Versorgen Sie Ihr Kind frühzeitig mit musikalischem Gehirnfutter. Dafür eignet sich jede Art von Musik, am besten klassische.

Je früher mit Gesangs- und Instrumentalunterricht begonnen wird, desto stärker sind die neuroplastischen Gehirnanpassungen. Musizieren in der Familie ist ein motivierendes Rollenmodell.

Das Sprachenlernen wird durch das Gehör maßgeblich unterstützt. Musik und Sprache haben fast dieselbe Semantik und Syntax. Deshalb fördert Musik fast alle sprachlichen Fähigkeiten.

Musik und Mathematik haben ähnliche Muster. Hier sind es Notenabstände und Notenlängen, dort Bruch- und Prozentrechnen. Deshalb sind Musiker besser in Mathematik.

Das Spielen von Instrumenten fördert wegen der starken Repräsentation von Fingerübungen neuroplastische Veränderungen im Großhirn. Daraus ergeben sich bessere motorische Leistungen, mehr Aufmerksamkeit und Konzentrationsausdauer durch den Sparmodus eines leistungsfähigeren Gehirns.

Neuroplastizität wirkt sich auch günstig auf den linken Temporallappen aus, das Zentrum für das akustische Gedächtnis. Deshalb haben Musiker auch ein besseres Wortgedächtnis.

Bessere Gedächtnisleistungen ergeben sich durch mehr Fasern im Balken. So werden Bilder besser mit Worten oder Zahlen gekoppelt.

Musik wirkt entspannend, fördert soziale Kompetenzen und Beziehungen, optimiert Denkprozesse, ist den Schwankungen der Gehirnaktivität ähnlich und ist ... göttlich.

Nachhilfe – Die Erzfeindin der Selbständigkeit

Selbständigkeit ist das wichtigste Vorläufermotiv für lebenslange Lern- und Leistungsmotivation.

FIBS-Studie zum Thema Nachhilfe

Das Forschungsinstitut für Bildungs- und Sozialökonomie (FIBS) präsentierte 2008 interessante Fakten zum Thema Nachhilfe.

1. Nachhilfe ist ein boomender Milliardenmarkt

Nachhilfe ist mit Kosten von 1,2 Milliarden Euro die teuerste Form zusätzlichen Lernens. Gut eine Million von aktuell 9,4 Millionen Schülern nimmt Nachhilfe. Das kostet die Eltern im Schnitt etwa 1200 € jährlich. Für die Bezieher geringer Einkommen ist Nachhilfe zu teuer.

2. Nachhilfe ist neuerdings eine Dauereinrichtung

Oft wird Nachhilfe über einen langen Zeitraum in Anspruch genommen. Es besteht dadurch die Gefahr der Abhängigkeit.

3. Notenkosmetik statt Rettungslernen

Für ein Drittel der Schüler ist Nachhilfe nur Notenkosmetik für Noten um 3. Rettungslernen mit Noten von 4 bis 6 ist weniger wichtig.

4. Große nationale und internationale Unterschiede

Im Westen Deutschlands wird doppelt so viel Nachhilfe wie im Osten genommen. Dort wird sie vor allem von Hauptschülern genutzt, im Westen von Gymnasiasten und Realschülern. Internationale Spitzenreiter sind Japaner und Koreaner mit 70 % Nachhilfe-Anteil, obwohl es dort die längsten Unterrichtszeiten gibt. In den Niederlanden, Finnland und Kanada spielt Nachhilfe keine Rolle.

5. Ein unübersichtlicher Markt ohne Qualitätskontrolle

Das FIBS sieht Mängel bei der Qualitätskontrolle. Bisher sind Zertifizierungsversuche wegen nicht vorhandener Abstimmung untereinander fehlgeschlagen. Der Markt besteht aus großen Filialunternehmen, regionalen und vielen kleinen Privatanbietern.

Diskussion der FIBS-Ergebnisse

Nachhilfe als teuerste Form zusätzlichen Lernens

Aspekte zum Preis-Leistungs-Verhältnis: Schulische Angebote intensivierten Unterrichts in den Kernfächern Deutsch, Mathematik, Englisch, Französisch und Latein sind kostenlos. Am Gymnasium gibt es bei schlechten Noten Zusatzunterricht in Form von Modulen – Grundkenntnisse, Übungen – oder Wahlunterricht. Schulen organisieren auch individuelle Nachhilfe durch SMV und Tutoren. Unterstützung erfolgt auch durch Lernmethodikkurse in allen Stufen.

Die jeweiligen Fachlehrer können Schulprobleme am besten analysieren. Sie präzisieren inhaltliche Lücken und empfehlen die passenden Übungsmaterialien, zum Beispiel die Lerntrainings-Bücher vom Verlag Bauer (Gymnasium 5-8), zum Schließen von Vorkenntnislücken. Wichtig ist die Abstimmung auf die Unterrichtsziele und den Lehrplan. Es müssen individuelle Lernfortschritte erkennbar und Fehlerkontrollen enthalten sein. Onlinehilfen sollten nichts kosten. Eine soziale Form der Nachhilfe ist die Lerngruppe, in der gute Schüler den anderen helfen. Alle Gruppenmitglieder profitieren von dieser Art des Lernens durch Lehren. In Ganztagsschulen werden Hausaufgaben sinnvoll begleitet. Falls Nachhilfe nur Hausaufgaben-Hilfe ist, haben Sie gutes Geld schlecht investiert. Ein Minimum an Selbstständigkeit müssen Sie von Ihrem Kind verlangen und das ist die Erledigung von Hausaufgaben.

Nachhilfe als ‚Lernkrücke'

Ein guter Grund für Nachhilfe ist die Schließung entstandener Lücken. Dies sollte aber nicht zum Dauerzustand werden. Anlässe sind lange Krankheit, Schulartwechsel, familiäre Probleme, fehlende Grundkenntnisse, Schwächen in einem einzigen Fach und die Häufung von Misserfolgen. Auf Dauer genommene Nachhilfe bekommt

Gewohnheitscharakter. Ihr Kind geht an einer Art ‚Lernkrücken', bis es verlernt, ‚selbst und ständig' zu lernen. Es droht das Phänomen der erlernten Hilflosigkeit (Seligman). Erfolgserlebnisse können auch umgedeutet werden: Alles, was ich erreiche, verdanke ich nur der Nachhilfe. Das wirkt negativ auf den Selbstwert und die Motivation.

Notenkosmetik als Schichten-Phänomen

Wenn FIBS den neuen Trend zur Nachhilfe zum Zweck der Notenkosmetik als typisches Mittelschicht-Phänomen bezeichnet, dann wird vergessen, dass Oberschichtkinder in den Statistiken oft nicht erfasst werden. Bei ihnen ist Nachhilfe wegen des Besuchs privater Internate und Eliteschulen überflüssig. Dazu kommen noch Privatlehrer, die in den Statistiken ebenfalls fehlen. Der Aufwand für zusätzliches Lernen ist überschaubar, weil die Kosten für schulisches Lernen in attraktiven Gesamtpaketen – Ausstattung, Personal, Freizeitmöglichkeiten – schon sehr groß ist. Monatliche Kosten von 2.000 € und mehr sind nicht selten. Der Gegenwert besteht in kleinen Lerngruppen, individueller Förderung und einer Art von Schulabschluss-Garantie.

Laut FIBS kämpft die Mittelschicht bei der Verbesserung der Schulleistungen ihrer Kinder ‚ums Überleben'. Nachhilfe soll die gefühlten Nachteile im Kampf um Lebenschancen ausgleichen. PISA-Studien machen deutlich, dass in Deutschland weniger Kinder aus der sozialen Unterschicht als in anderen Ländern einen höheren Schulabschluss schaffen. Ein Grund ist auch der geringe Anteil von Zusatzunterricht. Das ist angesichts der finanziellen Situation der Familien nachvollziehbar. Ein anderer Grund könnte die relativ geringe Verbreitung von Ganztagsschulen in Deutschland sein. Kinder aus sozial schwachen Familien könnten dadurch von einem anregungsreichen Umfeld, von kostenloser Hausaufgabenhilfe, aber auch von nachmittäglichem Medienentzug künftig noch mehr profitieren.

Lernzeiten im Vergleich

Es gibt erstaunliche Parallelen bei Arbeitszeiten von Arbeitnehmern und Lernzeiten von Schülern im Ländervergleich: Japaner, Koreaner und Vietnamesen leisten die meisten Arbeitsstunden jährlich. Nach Helmke nimmt ein vietnamesischer Schüler 20 Prozent mehr Unterrichtszeit, die dreifache Hausaufgabenzeit und die fünffache Zeit für zusätzliche Weiterbildung am Nachmittag auf sich. Damit hat er nach vier Jahren Grundschule schon 3500 Stunden mehr gelernt als ein Grundschüler in Deutschland. Vietnamesische Kinder sind hoch motiviert, aus eigener Leistung viel zu erreichen. Das Modell des minderbegabten Schülers gibt es dort nicht. Auch in Japan und Korea gehört die offizielle Unterrichtszeit zu den höchsten weltweit. Hinzu kommt bei zwei von drei Schülern noch zusätzliches Lernen in privaten Instituten, den Jukus. Ursache ist der Selektionsdruck, sich für Eliteschulen zu qualifizieren. Sie gelten als Karriere-Sprungbrett. Dieser Auslesedruck führt in Japan aber nicht zu höheren Suizidraten von Kindern und Jugendlichen. Da die japanische Tradition die Selbsttötung toleriert, liegt die Suizidrate bei den Erwachsenen tatsächlich deutlich höher, aber nicht bei Schülern.

Die Unterschiede zwischen den alten und den neuen Bundesländern sind zum Teil mit alten DDR-Traditionen zu erklären. Die Schule war dort immer verantwortlich für den Schulerfolg. Es ist aber strittig, inwieweit sich das heute noch auswirkt. Ein zweites Argument ist die geringere Kaufkraft, da Nachhilfe aus verfügbarem Einkommen finanziert wird. In Kanada und Finnland spielt Nachhilfe fast keine Rolle, weil dort starke schulische Binnendifferenzierung betrieben wird. Die Klassengrößen liegen jedoch alle unter 25. In jeder dieser kleinen Klassen wird noch weiter leistungsdifferenziert. Die besten Investitionen sind die in Bildung. Der Anteil der Bildungsausgaben am Bruttoinlandsprodukt ist in anderen Ländern wie in Dänemark um bis zu 45 % höher als bei uns. Bildung ist uns also nur ein recht klei-

kleines Stückchen vom großen Kuchen der Wirtschaftsleistung wert. Das zeigen auch die Klassengrößen. Bei uns werden auch in PISA-Siegerländern wie in Bayern bis zu 32 Schüler in einer Klasse unterrichtet. Bild: Andere Staaten leisten sich mehr Bildung im Verhältnis der Bildungsausgaben zur Pro-Kopf-Wirtschaftsleistung.

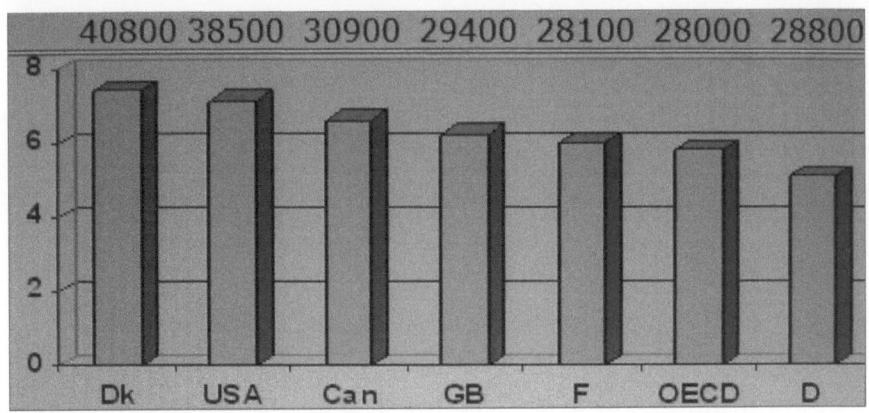

Qualitätsprobleme auf dem Nachhilfe-Markt

Weitere Probleme sind die Qualitätsunterschiede und der häufig angebotene Gruppen-Unterricht. Er ist nur in Gruppen mit homogenen Leistungen sinnvoll. In heterogenen Gruppen kommt es leicht zu Unter- oder Überforderung. Wenig vergleichbare Prädikate und Zertifikate der Nachhilfe-Institute erschweren die Wahlentscheidung. Bestehen Sie auf Probeunterricht! Bei den Filialunternehmen ABACUS, Studienkreis, Schülerhilfe und Minilernkreis ist die Nachhilfe-Qualität an verschiedenen Orten nicht grundsätzlich dieselbe.

Viele Schülervertretungen vermitteln Nachhilfe von Schülern für Schüler. Diese Form der Nachhilfe ist kostengünstig, in schulischen Räumen leicht zu organisieren und überwiegend erfolgreich. Es gibt keine Schwellenangst, die ‚Lehrer' sind meist kompetent und sie wissen noch sehr gut, wo die Probleme liegen. Wie auch die Nachhilfe-Institute greifen sie auf einen Aufgabenfundus zurück. Sie kennen die bevorzugten Aufgaben ihrer Ex-Lehrer am besten. Ideal ist eine Form der Nachhilfe, die nichts kostet: Beim Lernen durch Lehren in Kleingruppen von drei bis vier Schülern profitieren die ‚Schüler' sehr vom Wissensvorsprung ihrer gleichaltrigen ‚Lehrer'.

Eltern-Hilfe ist besser als Nachhilfe

Die wichtigste Frage für Eltern: Wie helfe ich meinem Kind beim Lernen am besten? Die Kultusministerien empfehlen, bei den Hausaufgaben nicht mitzuarbeiten und sich nicht als pädagogische Assistenten der Schule zu verstehen. Hilfen sind nur dann sinnvoll, wenn sie das Kind zu selbständigem Arbeiten anregen. Die wichtigste Vorbedingung für die Motivationsentwicklung ist Selbständigkeit. Mit dem Stolz auf die eigene Leistung verbessern sich Selbstkonzept und die Zuversicht, künftig auch andere Probleme lösen zu können. Sonst droht Abhängigkeit von Eltern und Nachhilfe und letztlich das Phänomen der ‚erlernten Hilflosigkeit'. Fünf oft gestellte Fragen:

Frage 1: Wie helfe ich meinem Kind am besten?

- Schaffen Sie optimale Arbeitsbedingungen!
  Raum: angenehmes und praktisches Lernambiente, Pinnbrett als Organisationstafel, Schreibzeug, Bücher, Lernplakat oder Lerntafel, Wörterbücher
  Zeit: Sorgen Sie für erholsamen Nachtschlaf, passende Lernpausen und den Wochenplan mit festen Lernzeiten!
- Konstruktive Helfer kommen ohne Vorwürfe und Emotionen aus. Geben Sie sachliche Hinweise: *Prüfe noch mal die Vorzeichen!*
- Bieten Sie nie mehrere Hilfen gleichzeitig an und geben Sie keine widersprüchlichen Anweisungen: *Beeile dich, schreib' aber schön!*
- Verstärken Sie richtige Lösungen sofort! So fördern Sie Erfolgserlebnisse.
- Machen Sie knappe Hilfsangebote: *Versuche es erst mal alleine! Wenn du nicht voran kommst, helfe ich dir.*

- Mit dem Erklären kommt oft die richtige Lösungsidee: *Erzähle mir mal in Ruhe, was du machen sollst!*
- Treffen Sie bei Konflikten klare Vereinbarungen: *Du kannst zum Volleyball gehen, wenn du deinen Schreibtisch aufgeräumt hast.*

Frage 2: Was sind die größten Fehler beim Helfen?

- Sie helfen unaufgefordert, ohne dass Ihr Kind Hilfe braucht.
- Sie erklären den Stoff immer noch mal zu Hause.
- Sie machen die Hausaufgaben Ihres Kindes, um es zeitlich zu entlasten. Solche Freundschaftsdienste schaden Ihrem Kind.
- Ständige Aufforderungen wie *konzentriere dich, mach' schneller,* erzeugen Stress und Aggression.
- Papas oder Mamas (antiquierte) Lösungswege widersprechen oft denen in der Schule.
- Ungeduld und Ärger der Eltern führen beim Kind zu Denkblockaden durch Stress. Das Kind kann sich nicht konzentrieren und macht Fehler. Das verstärkt den Frust auf beiden Seiten.
- Halbherzige Hilfe ist schlechter als gar keine: Wenn Sie keine Zeit oder Lust haben zu helfen, dann lassen Sie es lieber bleiben.

Frage 3: Wie wird mein Kind weniger abgelenkt?

- Schalten Sie alle Ablenker (Smartphone, Computer usw.) aus!
- Sorgen Sie dafür, dass Geschwister, Haustiere, Freunde usw. nicht während der Lernzeit stören!
- Achten Sie auf eher kurze aber intensive Übungsphasen! Das hilft gegen Tagträume. Dazwischen ausreichend Pausen planen.
- Zeigen Sie Ihrem Kind, wie man Lernstoffen Struktur gibt und sie zusammenfasst: Spickzettel, Matrix, Mindmaps usw.
- Gegen ablenkende Gedanken hilft die To-Do-Box. Die Gedanken werden notiert, der Zettel in die Box gelegt und später bearbeitet.
- Bleiben Sie ruhig und zurückhaltend, auch mit Mimik und Gestik.

- Vermeiden Sie während der Arbeitszeit unnötige Hausgeräusche: Telefon, Staubsaugen, Fernsehen, Geschirrklappern usw.
- Überprüfen Sie gelegentlich den Schreibtisch Ihres Kindes! Dort sollte nur das gerade benötigte Arbeitsmaterial liegen.

Frage 4: Sind Sie verantwortlich für den Erfolg?

Bei der Entwicklung der Stützfaktoren Motivation und Organisation haben *Sie* eine Schlüsselrolle. Sie sind auch ein Modell für das Lesen und für den Umgang mit Lernkillern wie Fernsehen, Gameboy, Computer und Smartphone. Kinder dürfen aber nie Prestigeobjekte sein. Wir können unsere Kinder nur füttern. Essen und dabei ihre Vorlieben entdecken müssen sie dann alleine. Das Gehirnfutter sollte vielfältig sein: Theater, Sport, Ballett, Konzerte, Kunstausstellungen und Museen (Schieferbild: mein Lieblings-Klee im Lenbach Museum München), aber auch alltägliche Dinge wie der Wald, der Fluss, das Stadion, die Kirche, die Bank, der Arbeitsplatz von Mama und Papa,

die Küche, der Park, die U-Bahn, der Zoo und eigene Aktivitäten in Theater-, Sport-, Musik- und Jugendgruppen sind gute Schulen für das Leben. ‚Neugierologen' werden auch diese ‚Lernorte' lieben:
Deutsches Museum in München und Turm der Sinne in Nürnberg
EXPLORATORIUM Potsdam für junge Forscher
PHAENO Wolfsburg mit über 300 Experimentierstationen
MATHEMATIKUM Gießen, ein Mitmachmuseum für Mathe-Freaks
ODYSSEUM Köln mit 200 Erlebnisstationen in 6 Themenwelten
MUSICULUM Kiel mit Experimentierstationen und Lern-Werkstatt
TECHNORAMA Winterthur mit Science-Center und 500 Stationen

Frage 5: Wie reagiere ich auf Schulprobleme?

Bleiben Sie bei Schulproblemen gelassen! Klären Sie mit Lehrern, Beratungslehrer oder Schulpsychologen mögliche Ursachen ab! Das Drohen mit langfristigen Folgen des Fehlverhaltens ist sinnlos, weil Kinder damit überfordert sind, ihr Handeln als Ursache für später auftretende Probleme zu erkennen und zu verändern. Viele Kinder leiden unter der schlechten Stimmung, die ihre Schulprobleme zuhause auslösen. Sie fürchten um den Verlust von Zuneigung und Liebe. Erfolglose Kinder fühlen sich nicht liebenswert. Falls nicht nur Ihr Kind täglich mehrere Stunden über den Hausaufgaben sitzt und am Wochenende noch Sonderschichten einlegen muss, dann suchen Sie den Kontakt zu Lehrern, Schulleitung und Elternvertretern, um Überbelastungen einzudämmen. Ist aber nur Ihr Kind dauerhaft überlastet, sollten Sie auch über einen Schul- oder Schulartwechsel nachdenken. Kinder brauchen Zeit für Familie, Haustiere, Freunde, Musik, Sport und auch für sich. Materielle Anreize wirken sich laut Motivationsforschung eher nachteilig aus. Die beste Motivation kommt von innen. Lernverträge, in denen Eltern und Kinder Leistung und Gegenleistung festlegen, sind jedoch gute äußere Verstärker innerer Motive.

Das Wichtigste über Nach- und Elternhilfe

Nachhilfe ist die teuerste Form zusätzlichen Lernens. Günstiger sind schulische Angebote (Tutoren, Intensivierungsstunden, Ganztagsbetreuung), selbständiges Nachlernen (Online-Hilfen, Trainingsbücher) und das Lernen im Team (Lernen durch Lehren mit Freunden).

Nachhilfe ist wegen des Selbständigkeitsverlusts und der Gefahr von Gewöhnung und erlernter Hilflosigkeit zeitlich zu befristen.

Traditionelles Rettungslernen ist ein guter Grund für Nachhilfe, weniger die immer mehr in Mode kommende Notenkosmetik.

Bessere Gründe für Nachhilfe sind Krankheit, Schulartwechsel, familiäre Probleme, Schwächen in nur einem Fach, fehlende Grundkenntnisse und die Häufung von Misserfolgen. Probeunterricht hilft Ihnen bei der Auswahl des Nachhilfe-Instituts.

Sie sind *kein* Nachhilfelehrer. Nur Hilfen, die der Selbständigkeits-Erziehung dienen, sind sinnvoll. Die Gestaltung von Rahmenbedingungen – Arbeitsplatz, Arbeitszimmer, Ablenkungen ausschalten, Pinnbrett, Wochenplan, Pinnbrett – ist dagegen *Ihre* Aufgabe.

Schaffen Sie Erfahrungsräume und begleiten Sie das Lernen eher unaufdringlich! Geben Sie Ihrem Kind auch genug Zeit für sich, fürs Spielen, fürs Kindsein, für Freunde und für die Familie!

Bewahren Sie bei Schulproblemen Ruhe und zeigen Sie Geduld. Lösen Sie die Probleme eventuell mit einem Lernvertrag.

Zeigen Sie Ihrem Kind immer, dass Sie es unabhängig von Schulleistungen lieben.

Denken Sie bei spürbarer Überforderung Ihres Kindes auch an einen Wechsel der Schulart. Die Systeme sind durchlässig. Spätstarter und ‚Spätblüher' können noch alles erreichen.

Lösungen

1. Begabungsprofil – 100-Punkte-Test

Test 1: Allgemeinwissen
Geographie: Donau, Athen, München, Vesuv, Kroatien, Peking
Biologie: Pferd, Mais, Buche, Virus, Muskel, Anatomie
Kultur: Schiller, Dürer, Akkord, Rokoko, Oboe, Sopran
Medien: Microsoft, Duden, Reporter, ZDF, Autor, Lexikon
Physik: Gramm, Einstein, Kosmos, Kraft, Strom, Volt

Test 2: Logik
Zahlen: 7 (4. Stelle), 35, 15, 36, 12, 7, 23
Buchstaben: e, t, g, i, j, i, k
Zeichen: 5., 4., 2., 3., 1., 5. Stelle

Test 3: Rechnen 37, 36, 32, 33, 36, 35, 38, 34, 38, 39

Test 4: Flächen 2, 5, 8, 7, 8, 9, 10, 8, 7, 10 Flächen

Test 5: Wortfamilien
bunt, Hamster, klug, Fichte, Computer,
eckig, pünktlich, Messner, fahren, Buddha

Test 6: Entsprechungen
Holz, Gabel, faul, Raupe (Engerling), Zucker,
Insel, Musik, Thermometer, Sprosse, Volt

Test 7: Q-Substantive
Quelle, Qualle, Quark, Quarz, Quader, Quadrat, Quadrant, Quadratur, Quecksilber, Quote, Quirl, Querschläger, Querdenker, Querelen, Quantität, Quanten, Qualität, Querulant, Quaste, Quastenflosser, Quantum …

2. Konzentration – 100-Punkte-Test

Test 1: p-Zweistrich 1., 2., 4., 6., 9., 11., 12., 17., 20., 22. Zeichen

Test 2: Lernsprüche
Tue, was du tust! Wer nicht fragt, bleibt dumm.
Wer liest, hat mehr im Kopf. Übung macht den Meister.
Aller Anfang ist schwer.

Test 3: Spiegelbild zeichnen

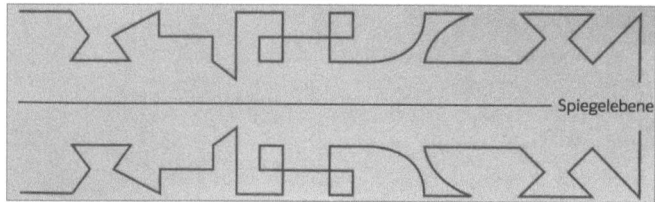

Test 4: Zahlen-Buchstaben-Kombinationen
1001 Nacht   22 Fußballer sind auf dem Feld
3600 Sekunden hat die Stunde   64 Felder hat das Schachbrett
  29 Tage hat der Februar im Schaltjahr

Test 5: Streichholz-Figuren umlegen

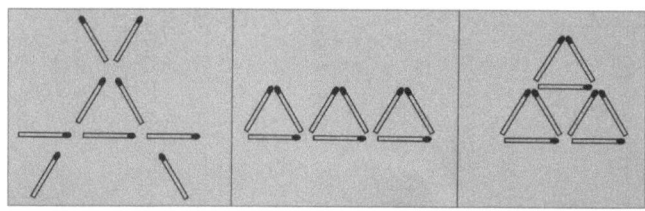

Test 6: Tiere finden
LAUS, IGEL, ESEL, EGEL, SAU, KATER, OTTER, BOA, HUND, FOHLEN

Test 7: Zahlen 8, 9, 3, 3, 7, 7, 9, 6, 0, 7, 3, 9, 3, 9 2, 3, 2, 8, 2, 8

3. Einstein-Rätsel: Der Fisch gehört dem Deutschen